微商运营一本通
——认识变认同，流量变销量

努努 __ 著

民主与建设出版社
·北京·

© 民主与建设出版社，2023

图书在版编目（CIP）数据

微商运营一本通：认识变认同，流量变销量 / 努努著 . — 北京：民主与建设出版社，2021.8（2023.9 重印）

ISBN 978-7-5139-3649-1

Ⅰ . ①微… Ⅱ . ①努… ②聂… ③泉… Ⅲ . ①网络营销 – 基本知识 Ⅳ . ① F713.365.2

中国版本图书馆 CIP 数据核字 (2021) 第 137209 号

微商运营一本通：认识变认同，流量变销量

WEISHANG YUNYING YIBENTONG RENSHI BIAN RENTONG

LIULIANG BIAN XIAOLIANG

著　　者：努　努

责任编辑：王　颂

封面设计：冬　凡

出版发行：民主与建设出版社有限责任公司

电　　话：（010）59417747　59419778

社　　址：北京市海淀区西三环中路 10 号望海楼 E 座 7 层

邮　　编：100142

印　　刷：三河市京兰印务有限公司

版　　次：2021 年 8 月第 1 版

印　　次：2023 年 9 月第 2 次印刷

开　　本：880mm×1230mm　1/32

印　　张：6.5

字　　数：140 千字

书　　号：ISBN 978-7-5139-3649-1

定　　价：38.00 元

注：如有印、装质量问题，请与出版社联系。

认识变认同，流量变销量（代序）

彼得·德鲁克曾说：企业唯一有效的定义就是——创造顾客。对于微商而言，将粉丝（潜在顾客）转化为顾客，并形成重复购买，就是一种典型的迟早成为顾客的行为。可以说，微商是一种了不起的商业创新形式。

微商应时而生

很多传统电商想要不依赖社交媒体就取得成功。最简单的做法就是花钱做广告或者花钱买流量。不过这样的宣传方式有一个天花板，而且随着时间的流逝，天花板越来越低。慢慢地你会发现流量成本是不可承受之重。

当传统电商客单价难以上升、流量成本居高不下的情况下，微商应运而生了。

简单地讲，微商就是在微信、微博等社交媒体平台出售商品或服务的一种商业形式。

传统电商的形式是，买家和卖家难以建立连接，比如淘宝卖家通过付费直通车带来客户，购买完后，客户就回到平台，还是属于淘宝用户，而不是商家自己。而微商通过买卖行为，买卖双方都互相加为好友了。

从广义上看，微商就是最早期的社交电商，几乎自微信诞生起，微商就不断出现在朋友圈、群、附近的人里，利用高频曝光和信任卖货。这一形态依旧延续至今，仍具有较高的销售转化效率。

社交电商 + 内容电商

什么是微商？顾名思义，微商是因微信而产生的。狭义的微商，是指在微信上做推广并成交的商业形式。甚至有人将微商的英文名词翻译为 WeChat Business，但是，微商并不是微信电商所能概括的，它是伴随着微信、微博等社会化媒体的兴起而发展起来的一种新型电商模式。

所以，微商不同于传统电商的一点在于，它首先卖的不是产品，而是社交。微商不是简单的做买卖，首先，它具有社交的属性。

广义的微商也包括了通过微博等其他社交媒体促成的个人电子商务。

广义的微商 = 社交电商 + 内容电商，是基于移动互联网的空间，借助于社交软件为工具，以人为中心，社交为纽带的新商业形式。首先，它是社交电商。其次，微商还有媒体的属性。如果你加了 1 万个客户成为微信好友，后续推出新品，做活动你就有自己免费的推广渠道了，可以直接把信息推给他们了。

通过你的文案、视频等载体，实现了产品的宣传和引流。所以，微商有两个至关重要的岗位：一个是文案，另一个是客服。

微商涅槃

十几年前有个口号是："实体已死，电商将颠覆实体经济"，但是经过了十几年的发展，大家才发现，实体经济并没有那么容易被颠覆，而电商自己却已经欲振乏力，已经被称为：传统电商。

当传统电商的公域流量被平台控制，流量成本不亚于房租时，大家才发现，社交媒体带来的私域流量是条生路。

2011 年 1 月，腾讯公司的微信上线。自诞生之日起，微信就不断迭代。

2012 年，微信更新到 4.0 版本，出现了朋友圈。

人们发现可以在自己的朋友圈里发图片卖东西，让工厂直接发货给消费者，无须库存就能赚钱。有一些卖家在微信快速发展的阶段，充分抓住了其流量成本低、传播互动性强和社交链广等优势，将生意迅速做大，于是产生了强大的示范效应，让更多的人和企业看到了一种全新的商业模式，于是这种进入门槛极低、利用碎片时间刷刷朋友圈就可以赚到钱的方式引发了全民疯狂，微商群体迅速扩大。

据艾瑞咨询发布的《2017 年中国微商行业研究报告》显示，2016 年中国微商行业市场交易规模为 3287.7 亿元。有人估算，2017 年，微商从业人数已经达到 3000 万。交易规模庞大，从业者人数众多，微商已经成为一股不可忽视的力量。

但和任何新生事物一样，微商在最初的发展阶段也存在着一些问题。2015 年 5 月，央视对微商涉嫌造假、传销进行了连续追踪报道，这是高速增长的微商迎来的一个重大转折点。自此，微商陷入舆论批评和负面报道的旋涡，难以自拔。同年，商务部下发《无店铺零售业经营管理办法（试行）（征求意见稿）》政策规范。

更有一些微商做着做着，就走上传销的邪路，微商开始出现了信任危机。

北京市消费者协会发布的《2017 年微商行业发展状况调查报告》显示，微商经营中最突出的问题是产品质量、宣传和服务。

更有一些微商经营者，使出了传销的手段，赚钱不是靠零售而是靠招募代理。"95 后美女做微商一个月挣 10 万""靠父母你最多是公主，靠老公你最多是王妃，靠自己你就是女王"，诸如此类毒鸡汤式文案，筛选了大量判断力较低、却急于赚到大钱的网民。

这种打着微商旗号的传销者，以代理分级形式压货。级别不同，拿货价格也不同。成为代理就要购进一定金额的产品，如果不能将产品转卖出去，积压的产品将会被各级代理砸在手里。如此分销机制下，这种传销化的微商暴露出了狰狞的一面，通过发展下线和向下压货来赚取利润。

他们常用的拉人入伙的手段就是数据造假。其实，只要通过一些简单软件，就可以实现聊天截图、订单、发货单在内的整个流程的造假。然后，把一些质量不佳的面膜等产品，压到代理手里。

微商的运营方式，早已过了草莽时代。

一味地给代理兜售发财的梦想，讨厌毒鸡汤的人只会越来越多。

这就意味着，微商必须要走一条正规化、长期化发展的道路，必须要自我革命，才能实现凤凰涅槃。

微商，本质上仍是零售生意，回归商业的本质，扎扎实实地做品牌，踏踏实实做流量，自然就能健康发展。

关于本书

本书全面介绍了微商如何利用社交媒体做好销售与服务。如果你经营得不好，那么在社交媒体上散发出的只是噪声而不是真正的信息。而如果做得好，社交媒体会成为你最有效的营销工具，帮助你赢得老客户的拥戴，获得新的客户。本书还多方位地阐述了微商的各个相关问题，包括如何增粉、如何展开互动，建立信赖关系的方法，客户资源的挖掘，各种有效的营销策略和成交技巧，以及微商团队的管理与裂变等。介绍了多种引流推广方法、多个营销要点技巧，这些方法都是可以融会贯通、举一反三的，从而打通微商与社交媒体、内容营销的难点，一通百通！

　　是为序。

2020 年 6 月

目 录

第 3 章　交叉投递策略

第 11 章　微商如何面对差评

01

第 1 章

打造你的
个人品牌

社交媒体已经成为一个树立个人品牌的前沿阵地。你可以将一些涉及工作方面的内容发布在朋友圈，或是通过视频展示你们最新的项目成果。发布的这些内容，你的朋友圈好友都可以看到。

如果买家是一个活生生的人，那么卖家也应该是一个活生生的人。只有人与人是对等的状态，才能建立起友谊。现在，有政策提倡"让城市恢复烟火气"，同样，也应该让你的朋友圈有烟火气。

微商是一种社交关系

有人想当然地认为，大多数人还是依赖线下的口碑来做购买决定。实际上，这个说法错得离谱。

事实上，"你在网络上是谁，就代表着你是谁"——无论在微信、微博、微信朋友圈、个人博客或是公司的网站，都是如此。

做微商，首先要有一个微信号。这个微信号所呈现的信息要完整可信，这个微信个人号的头像、昵称、背景、个性签名、朋友圈有什么讲究呢？

很多人看不透微商其实是一种社交关系，即便是在用微信个人号提供服务，也固执地喜欢使用品牌名发广告，试图用品牌跟人做朋友，结果适得其反。

正所谓"先做朋友，再做生意"。

你愿意跟一个叫"华天餐饮阜成店"的品牌交朋友，还是愿意跟一个叫"王丽娟，华天餐饮阜成门店长"的人交朋友？很明显，品牌名缺少人格温度。

无论你选择的社交媒体是什么，你都必须让自己的资料个性化，而且让它们都与众不同。使用你的头像、你的颜色、你的图片、你自己的字体，把所有的东西都个性化。让你的社交媒体页面看起来像是你个人的自然延伸。

要给人靠谱的印象

所有的社交媒体平台都设有个人资料页面，好让你向大家说明你是谁。

说白了，它就是一份写给全世界看的简历。

头像图片上不应该出现你的家人、朋友、爱宠或爱车，因为头像那一平方厘米的空间太小了，没地方展示这么多元素。

你的头像也不要变来变去，所有的迹象都表明在互联网上拥有一个坚实的有交互性的形象是无比重要的。所以，微信、微博、QQ 等的头像和昵称最好能统一，也不要随便变来变去。

关于地区，有时候加好友时会发现，有的小伙伴填写地区都是什么安道尔、冰岛，这些国外的地名，那么就给人不诚实的感觉，你在哪里就填哪里，没有必要为了追求时尚破坏了自己的形象。

因为做微商，就要给人呈现出最真实、最诚实的一面。本身网上购物会给大家质量不确定的感觉，你填写的所在地那么不真实，那么，谁敢从你那里买东西？所以，要用你自己、你的团队和你的办公室的照片来展示真实的自己。而用你办公室或者仓库的视频可以显示你背后是一个真实的企业。

一定要引人瞩目

如果你发现在社交媒体上做销售很困难，这不应该责怪平台，问题在于你设计的运营策略有问题。

从这些社交媒体上，你需要给你的粉丝（潜在客户）一个转化成客户的理由，以及一个与你接触的机会。这样你才能够把销售与在社交媒体上的努力联系在一起。

人们通常是在互联网上看到了一些什么，然后才和家人、朋友在线下讨论的。销售之所以达成，社交媒体已经成为一个日益重要的触发因素。

你的个人品牌必须要引人注目才会被人留意。很多人在社交媒体市场不成功的根本原因，就是忽略了"引人瞩目"这一项。

你想要卖产品，最应当做的就是搞清楚你的产品"引人瞩目"的地方在哪里，然后再专注把这些独特的品质通过广告活动传播出去。

当你开设了微博或微信账号，建立了社交媒体之后，你会不会有万事大吉的感觉？错了。对于社交媒体而言，不是创建了账号就完工了。说你的社交媒体努力已经完工了，其实和说厨房干净了是一样的。如果真的说完工是事实，那么这个状态不会持续太久。

你不要以为注册了社交媒体账号，发布了几条与营销相关的消息，就能看到订单纷至沓来。如果你真这样以为，那么只能说你把微商想得太简单。

社交媒体的运营永远不会完工，它应当一直持续演化，来搭上市场的脉搏。你还要把朋友和粉丝转化成客户，你需要创建很多的内容来支持销售工作。这些内容包括个人资料、企业简讯、更新有新意的页面、面对面的活动、会议媒体报道等。

可惜，太多的市场营销人员低估了社交媒体发挥作用所需要付出的努力。

你的签名就是你的态度

　　个性签名，除了上边说的，还有最关键的一点，也是人家了解一个人的小窗口。知道你的基本情况后，肯定会看到你的个性签名，能大概了解你是什么样性格的人。所以，建议用积极向上的内容。

　　如此一来，别人一看就知道你是一个乐观的、积极向上的人，也会对你产生好感。

　　其实这个也很好理解，平时一个人总是负能量满满，总是说着消极的话，会不会传染给你呢？是不是自己也会跟着情绪"感冒"了呢！

　　还有人会写一些生活琐事在签名里，但是这样做并不太适合。因为你的签名更多是要展示给你的客户看的。

　　所以，你的签名就是你的态度。个性签名也是感染力，我们要慎重地写，树立好自己的个人品牌。

　　正如塞弗·戈丁在《伊卡洛斯的欺骗》一书中所言："事实证明，社交媒体并不是将听众聚集在一起，好让你对他们大喊大叫或是将一些垃圾产品兜售给他们的场所。事实上，社交媒体代表着人性的基本需求，只是以数字在线的方式呈现出来而已。我们希望与他人保持联系，做出一些改变，希望感受到自身存在的重要性。我们希望让他人感到一种归属感。没错，我们还希望能引领他人。"

你的 ID 也是一种 IP

不要躲在品牌背后，使用你的个人 ID。或者，如果你打算在社交媒体上有多个个人账号，那么就可以创建一个公开的人物角色来代表你的公司。这个名字会是你的公众形象，而且会获取你发的帖子的所有好处。

请注意，你的账号也是公司的一种 IP 资源。你不应该让一个员工（哪怕他是公司的联合创始人）使用他们的个人账号在社交媒体上做外联。因为当他们离开公司的时候，他们会带走所有的粉丝，甚至可能删除所有的内容，这种风险不得不考虑，已经发生过很多 IP 失去控制的事件了。王尼玛这个网络形象一直戴面具出镜，所以有离职员工自称自己就是王尼玛。2017 年 12 月 22 日，暴漫

CEO 任剑在知乎上就"王尼玛离职"事件发声，梳理了自称"王尼玛"员工的来龙去脉，同时确认了王尼玛的真实身份。任剑称王尼玛从来就是一个人，也就是暴漫的联合创始人，以及暴漫整个内容部门的总监和暴走大事件的总编。

如果你创建一个公开的人物属于客服角色，请把她设置成为女性，女性（或者至少是女性的名字）在外联中会方便很多。

多边的信息交互

做微商就是要和一大群人交朋友。所以，在微信之类的社交媒体上，做电商的精髓在于会话、联系和分享，所以，信息交互一定是双边或者多边关系。

假如你一直不断在朋友圈发面膜之类的信息，进行营销信息轰炸，那么这只是单边的，当你的朋友圈好友并不愿意消化这些时，就会纷纷把你屏蔽。

只有一种情况例外，比如你是一位著名的达人、网红、大咖、明星，你的一大群受众习惯于倾听你发布的信息，而不是信息的交流。即便如此，受众互相之间也会有讨论发生。

然而，你不是明星大咖，也没有海量粉丝，所以你的受众会认为与你是平等的，并期望你能作出平等的信息互动。

你懂，朋友会更信任你

如果你卖酒，应该在朋友圈表现得像一个酒品鉴赏家；如果你卖面膜，应该在朋友圈表现得像一个化妆品的行家；如果你开饭店，应该在朋友圈表现得像一个美食鉴赏家……这个原则适合每一个微商经营者。

你不用成为全世界最好的专家，你只需成为人家的朋友列表里最值得信任的专家就够了。

应该卖什么商品？

如果初次做微商，选择销售的产品一定是自己感兴趣的，自己理解的。只有你自己觉得值的商品，你的朋友才会觉得值。

不要把微商等同于朋友圈卖面膜，你卖的东西一定有特别之处，不然，就会淹没在大量同质化的竞争产品中，甚至对手会在你起步之前就把你消灭了。

微商大致可分三大类：

1. 本地销售，比如一个本地的实体店的商品或服务。

2. 某种类型的需要交付的实物商品（比如礼品）或者数字商品（比如电子书）。

3. 一次性的东西，比如一场活动、会议或者课程等。

如果你销售的是实物商品，在选择货源方面，无论你想卖什么，或者你在卖什么，一定要选择做正品。

微商主要分为两种：基于公众号的微商成为 B2C 微商，基于朋友圈的微商成为 C2C 微商。微商基于微信"连接一切"的能力，实现商品的社交分享、熟人推荐与朋友圈展示。

还有就是定位，不要盲目地跟风，要选择自己喜欢的东西去做，一般都不会差。因为你喜欢这款东西，所以自然也会全心投入地去经营这款产品。

02

第 2 章

内容

即营销

不得不承认，文笔好的人做微商会更有优势一些。

微信朋友圈之类的社交媒体，基本上是大家在网上闲逛和与朋友一起娱乐的地方。所以，朋友圈一定要有娱乐性，娱乐性一定要强。有时候，它也是对一些公共议题展开讨论的地方。因此，这并不是一个卖东西的好环境。

有些微商暴力刷圈，每天都是成交的截图，产品的图片，收款的截图，询问的截图，每天发一次，看得人们纷纷将其内容屏蔽。

暴力刷圈不仅仅是指数量，还指质量，质量不高的发圈其实也是暴力刷圈。我们给人的整体感觉，就是能让对方觉得你是一个什么样的人，你自己喜欢和什么样的人打交道？扪心自问，你会主动加什么样的人的微信？每个人关注的其实是内容，诸如新闻、图片以及有趣的链接，而不是商品宣传。因此，你要善于将你销售的产品，巧妙地融入更受欢迎的热点内容中，以"软植入"的形式达到营销目的。

正确的内容才是营销

在社交媒体上，成功意味着用有趣、有料的内容与人们沟通。你必须要有这样的心态和准备，不然，你就会被默认为"销售模式"，然后被那些你花时间和金钱才接触到的人所忽略。

对于那些只想在朋友圈寻开心的人来说，商品宣传通常是不会被分享或者被认为是有趣的；除非你的宣传实在太夸张了，大家都拿它来取乐。

Twitter 是微博的鼻祖，Twitter 原本的意思是：鸟儿叽叽喳喳地说话。微博这种网站，最初只反映一个问题："你现在在做什么？"

实际上，一直到今天，微博上的所有沟通都是围绕着"我现在正在做什么"展开的。

140个字符的限制使得我们不得不在语言上有所缩减。如果你微博用得比较多，你会发现最成功和最热门的那些用户经常会发布一些短小精干的信息。

从原始定义上来看，微博就是发布频繁的、短小的、未经编辑和美化的消息。这不仅仅限于微博，你还可以在微信朋友圈、抖音之类的社交媒体上轻松地做同样的事情。

什么样的内容，才是正确的内容？

社交媒体不是年轻人的专利，你所呈现的内容也不必太教条。比如针对年轻人，他们更喜欢一些娱乐一些好玩一点儿的东西，但如果是70后、80后，你只发一些好玩的东西，是不能引发他们共鸣的。这个时候，你要发更有深度的东西去打动他们。一言以蔽之，是你的粉丝，你的潜在客户决定你的内容。

有力的标题一般会总结你想要表达的意思。普通文案的规则一般是：标题、文案和图片。不过，在社交媒体，重要性的次序是：图片，标题，文案。

如果图片中使用的是模特，请确认他们看起来像是很开心、快乐、积极的样子。如果用的是产品照片，请确认照片是高质量的，并使得产品看起来很棒。

图片一定要带有正能量，而且还能吸引注意力。这是为了与社交媒体上其他杂乱无章的东西区分开。

当你为社交媒体的内容书写标题的时候，一定要够吸引人。

文案还要能够和标题相匹配，因为标题文案很重要的作用是一个用户召唤行为。

如果你想不出好主意来，可以试着问这些问题：

你的客户是谁？

客户现在的痛点在哪里？

你可以如何解决？

幽默也是一个不错的策略，它能够引人注意，并让人放松警惕，把心情放轻松。

美女的形象出现在各种类型的广告中：给男人看的杂志、给女人看的杂志、工具广告、化妆品广告，以及几乎任何其他可以用到一个模特的地方。

美女总是有卖点的。因此，如果你要使用美女图片，你可以尝试，可以选择一张美女面部的特写，她的眼睛是直接看着镜头，而且是在微笑的。

不要拍摄露出乳沟的半身照，除非图片与标题和广告文案是有关的。

在社交媒体上，你应该注重的是内容，而不是销售话术，千万不要和朋友圈的这个铁律对着干。

很多企业的社交媒体页面很无趣，因为企业主认为每一条帖子都应该和他们的企业相关或者与他们的服务和产品相关。建议把与企业有弱关系的有趣的引言、图片和其他类型的内容联系进来，用幽默的方式或者严肃的方式都可以。这要比一个简单的产品更新产生更多的关注。

这其实是一种内容营销的平衡艺术，因为绝大多数人是不会去读产品的营销资料的，他们只想要读有趣的内容。

很多企业主没有做社交媒体的原因是为了避免可能在时间上的浪费。尽管事实上确实有人以娱乐为目的，在社交媒体网站上花了太多的时间，但如果你带有一个明确的目的系统化地去做，那么你可以从花掉的时间上获得可观的收益。

忘掉乔·吉拉德式推销

谁是世界上最了不起的推销员？很多人会认为是乔·吉拉德。

乔·吉拉德写过一本书，叫作《把任何东西卖给任何人》。书的封面上写着："狂销 200 万册"。

有一件事，你或许不知道。乔·吉拉德其实不是卖车的，自 1977 年以来，他就没有真正在卖汽车了。他 30 多年前就不做销售了，转而干起了教别人卖车的生意。也就是说，吉拉德其实是一个卖书的培训师，贩售的是他那些 20 世纪 70 年代的套路。

吉拉德还到全世界推销这个秘密，他承诺："只要你理解并愿意遵照执行，我的方法就能帮到你。"

吉拉德还用三大段华丽的篇幅，介绍了他最喜欢的"陌生电话"。

这个套路很简单：随机从电话号码簿上选个名字，打电话过去。

一位女士接起了电话。"你好，费雪太太。我是雪佛兰销售中心的乔·吉拉德。我只是想通知您一声：您订购的车已经准备好了。"须知，这是一位不速之客的陌生电话，吉拉德只从电话簿里了解到对方的姓名、住址和电话号码。这位费雪太太压根儿不知道吉拉德在说什么。她回应说："恐怕您拨错号码了吧？我们家没订新车呀。""您确定？""当然了。要是订了车，我丈夫肯定会跟我说的。""请稍等，""您那儿是克拉伦斯·费雪家吗？""不。我丈夫叫史蒂芬……""哎呀，费雪太太，真抱歉，太打扰您了。我猜您一定很忙。"

但吉拉德才不会轻易放过她呢。这其实是他的一个圈套。

"费雪太太，您家不是正好要买新车吧？"如果她知道自己家有这个打算，她可能会说是。但是正常的回答是："应该没这个打算。但这事儿你得问我老公。"嘿，吉拉德要的就是这句话！"哦，那我什么时候找他方便呢？"

她会说："他一般 6 点回家。"好了，吉拉德想要的信息到手了。"好的，费雪太太，我会再打电话来的。请放心，我不会占用你们的晚餐时间。"吉拉德这是要让她主动透露，他们 6 点半才吃饭。吉拉德向她道了谢。

吉拉德从这里进入了下一个阶段。吉拉德 6 点钟时会干吗？你懂的。

"你好，费雪先生，我是雪佛兰销售中心的乔·吉拉德。今天上午和您太太联系过，她建议我这个时候再打来。我想知道，您现在正打算购买一辆雪佛兰新车吗？""不，"他说，"没这个打算。"于是，吉拉德问："那您认为您什么时候可能会购买新车呢？"吉拉德单刀直入地提出这个问题，他料定费雪先生会想一想再回答。没错，费雪可能只是想快点打发掉这个讨厌的推销员罢了。但不管他到底是怎么说的，那都有可能是他的真心话。说真话比临时编一套谎言出来容易多了。"我猜大概最近这半年里会有需要吧。"费雪说。吉拉德也就此打住："好的，费雪先生。那我到时候再联系您。哦，顺便问问您：您现在开什么车呢？"费雪说出了自己的车型，吉拉德谢过他，然后挂电话。

吉拉德把费雪先生的名字登记在册，在日程表里设置了到时候打电话的提醒闹钟，接着转入名单上的下一个名字。吉拉德写道："上述简单步骤完成之后，如果你继续往下找，类似费雪的潜在客户可多着呢。"

吉拉德找到了很多位摸不着头脑的费雪先生，成了世界上最了不起的推销员——而且他仍然在外面传授销售技巧。这一切似乎证明，信息不对称和它带来的卑鄙手法正活得挺滋润。

解除"卖货给我"的戒备心理

今天，真正高明的推销员已经变得矜持，他们深知，过度推销，适得其反。

在 20 世纪 70 年代中期，吉拉德式的技术没准儿真的很好用。但迈入 21 世纪 10 多年后，它们不但没用，还只能害人害己。

毕竟，如今的费雪太太，大白天可是要上班的！她家的电话有来电显示，以避免陌生电话的骚扰。如果推销员真的绕过了她家的警戒线，她也会立刻打发了他，说不定事后还会上网搜索他的名字，在网上发帖告诉朋友们，自己那天晚上接到了一个讨厌的销售电话。

吉拉德靠信息不对称玩的销售套路正在走向衰落。过去，客户要一家店一家店地收集信息。今天，他们点几下手机屏幕，事前调查就基本上做完了。很多时候，他们的顾客比推销员还要懂。

吉拉德的核心理念是"250 法则"——每个人生活中都认识 250 个人，如果你在某种场合接触到一个人，让她喜欢你，从你手里买了车，她便会把你推荐给她的 250 人社交圈，其中一些人又会将你再度引荐给自己的社交圈。如此循环往复，你的影响范围就可不断扩大。有趣的是，250 这个数字在中国文化里是又蠢又坏的意思。

吉拉德建议推销员尽量多地接触潜在客户，"填满摩天轮上的座位"。潜在客户买了东西之后，隔上一阵你再向他们求助。如果他们介绍来的人从你这儿买了东西，每单成交的买卖会付给介绍人 50 美元。

吉拉德推荐的许多建立客户关系的技巧，在今天的世界里，也是遭人厌恶反感的。

举个例子，如果潜在客户提到自己最近到某个地方度假，吉拉德就会说，他也去过。

"因为不管对方去的是哪儿，我都去过。就算我压根儿没听说过那个地方。""外面有许多人，甚至上百万人，都听说过我。还有好几千号人直接从我这儿买过东西。他们觉得自己很了解我，因为我很了解他们。他们认为我去过黄石国家公园；他们认为我在密歇根州特拉弗斯城附近捕过鲑鱼；他们认为我有个阿姨住在塞尔弗里奇空军基地附近。"任你选一个形容词好了："不诚实的""爱恭维的"，或者"呵呵"。

今天的金牌推销员早已经将吉拉德的套路扔进垃圾桶，他们会经常自问："如果是我自己的亲戚、朋友、同学，想要得到服务或是购买汽车，我会怎样决定呢？"

听起来似乎是在唱高调。但也许，现如今你就得这样卖汽车。这也是产品型社群营销的精髓。不要急于"把任何东西卖给任何人"，现在不买，不代表永远不买。

微信公众号增粉方式

微信公众号推广可分为付费手段和免费手段。以下这些不花钱的增粉手段，并不适合每个阶段的人，不过肯定会对大家有所启发。

1. 通过优质内容，自然增粉

成功无捷径。对于媒体来说，优质内容是最稀缺的资源，自媒体尤其如此。大多数早中期做微信公众号的人，特别是一个人默默耕耘的，主要都是通过发内容把粉丝一步一步积累起来的。

很多人会问，第一批粉丝是从哪里来的？你至少有很多微信好友吧，他们就是你最初的粉丝和文章的传播者。初期发布的文章，如果是他们非常关心的，通过朋友圈的传播，也能快速地传播出去，然后就可能给你的公众号增加几百上千个粉丝。

即使你的前几千个粉丝并不是通过内容来的，但是你想获得后面的几万甚至几十万粉丝，还是要通过每天坚持发优质内容，让用户转发到朋友圈去影响更多的用户，从而实现每天稳定地增长粉丝。内容涨粉是最自然最稳妥的。

2. 找同类账号互推

在微信公众号初期，互推是增粉的主要手段之一。那时候大家比较简单粗暴，经常群发文字内容："介绍一个××账号，推荐粉丝关注。"当时的互推方式虽然用户体验很差，但因为初期用户活跃度很高，互推的效率也非常高。

后来出现了内容中间页平台，在图文内容底部可以直接设置公众账号一键关注。这个时候互推的效果达到了高峰，用户体验也提升了。但之后微信官方打压大量互推的账号，中间页平台被屏蔽，图文内容也不能直接跳转到第三方页面。

互推形式不得不与时俱进。选个组长站出来，负责协调 6 至 10 个粉丝量差不多的同类微信账号，编辑一条内容，介绍参与互推的这几个账号。然后大家在群发多条图文的时候，在其中一条里推送这个内容，以达到互推的效果。通过这样的互推方式获取来的粉丝，针对性非常强。毕竟是用户不嫌麻烦去复制粘贴搜索才关注的，如果用户对这个主题不感兴趣，是不会轻易去关注的。

但这种互推方式，效果明显不如以前。普通用户已经审美疲劳，无法吸引他们的关注了。

3. 大号带小号，资源推号

把号做大，就可以这样玩了。有些人早期就这样做过，比如广点通（腾讯广告平台）等渠道让一个账号快速获取了大量的粉丝，然后通过大号带小号的方式，快速做起来一批微信公众号。

大号带小号的思路值得借鉴。能带小号的大号，不一定是微信公众号，还可以是微博大号、抖音大号等。自己只要有资源，都可以把用户引导到微信公众账号上。

4. 运营草根红人个人号，带动公众账号粉丝的增长

这一招比较适合地域类账号。先做个私人号，通过定位、附近的人等手段，吸引本地的人主动来加你，也可以主动去加一些本地的用户。

然后再通过这些本地小号，去分享本地微信公众号的内容，从而获得更多曝光，增加公众号的粉丝数。这招也是很多本地微信运营者经常使用的免费手段。

5. 传统的论坛、微博等线上推广渠道

现在论坛的管理极为严格，想从这个渠道获得大量粉丝，需要很好的执行力，对宣传文案的把握也要非常到位。如何既能不被版主删帖，又能吸引大量人去关注，很考验一个人的推广能力。

6. 利用其他自媒体平台，做好内容分发与传播

挖掘并利用其他自媒体平台进行内容推广，可以扩大目标受众群，提高公众号知名度，把平台里面的用户吸引进来，成为关注你的粉丝。

把推送的公众号文章同时发布在其他平台，借用一句广告词，这叫"一处水源供全球"。在其他平台，可以通过作者介绍、文章来源以及文章内容里面插入公众号信息（名称、ID)的方式，把自己的公众号展露在平台上，让阅读了文章并产生兴趣的潜在读者能够沿着曝光的公众号名称或者 ID 实现搜索并关注。

在其他自媒体平台，需要注册相应的账号，并且注意相关规则。

今日头条，需注册头条号。

百度百家，需注册百家号。

一点资讯，需注册一点号，可以在文章末尾注明带上来源。

搜狐公众平台，需注册搜狐号，可以在文章中带上来源信息。

简书，需注册账号，可以在个人介绍里放上公众号信息，发布文章时可以向适合的几个专题投稿，扩大曝光量，但如果想获得首页热门推荐，就不能在文章中插入任何来源或广告信息。

知乎，可以注册个人专栏发布公众号文章，吸引知乎上的读者关注，从而引流到自己的公众号；也可以把文章投到别的相关专栏，或者参与话题的讨论，带上公众号来源信息，增加曝光。

界面新闻，需注册成为会员，可以在文章中带上来源信息。

人人都是产品经理，需注册成为作者，其采用比较人性化的审核制度进行快速审核，不通过时会给出理由或者修改意见，修改后可以再次申请审核，投稿通过的文章会出现在首页和相应的栏目里。不可以在文章里附带品牌等信息，但可以在文末放作者介绍以及个人公众号。

当然，除了上面这几个平台之外，很多没有提及的发布平台信息可参考本书第六章相关内容。我们需要根据不同的公众号文章类型，找到最适合自己的投稿平台，才能更加有效快速地进行推广。

7. 利用社群推广公众号

主要是利用微信群和 QQ 群进行公众号内容的曝光以达到吸粉目的。这些社群都是由同一类型的人组成，包括合作群、互推群、阅读量群等，人数在几十到几百不等。社群里面既有我们公众号的潜在目标粉丝，也能为公众号内容带来二次传播。

首先你需要找到一些合适的社群。如何找？我们可以巧妙地利用豆瓣、知乎等社交平台进行检索。在加入相关的微信、QQ 群以后，接着就是如何巧妙地把自己的文章、公众号推送给群里面的人。除了平时要经常在群里刷存在感、混脸熟外，还要注意在群里发布文章的好时机，比如在这个群正好有人说话、交流的时候。当然，最有效的手段是在发文章或者公众号名片求关注的时候附带一个小红包。俗话说，拿人手短吃人嘴软，领了红包自然就会乐意按要求办事。

路人变粉丝，粉丝变客户

你必须要做的不只是在社交媒体上发布内容，你还要有完整的策略。这样才能把路人转化为粉丝，把粉丝转化成客户，你需要创建很多的内容来显示你是可信赖的和友好的，你要学会吸引他们。

2013 年 7 月，在英国多塞特（Dorset）郡附近的多赛特海岸，附近居民发现在沙滩上突然出现了一具大型的生物骸骨，长约 12 米，相当于一辆公共汽车的大小。这个发现令大家感到非常好奇。人们纷纷前往海滩去观赏这具不明生物的骨架。

大家议论纷纷，却没人敢去触摸，只是对着骨架浮想联翩。有一些小孩子却无所畏惧，偷偷爬进这副骨架里一探究竟。

然后又有成年人也跟着爬进去，发现这副骨架的材质，摸起来根本不像是骨头。这时候突然有几名穿着工作服的人走了过来，他们微笑着告诉大家这副骨架其实是假的，这是英国流媒体视频服务平台 BlinkBox 为了迎接《权力的游戏》第三季开播，邀请了三位雕塑师连续工作 2 个月进行设计、施工以及最后的上色才得以完成这具逼真的巨大龙骨。大家知道原因后顿时释怀，对 BlinkBox 的创意称赞不已。这样吸引公众的关注，引起了 200 多家媒体报道。这一举动最终使该网站年利润同比增长 600%。

即使你运营的是一个养老院，你的对象是一些老年人，他们对于新媒体不如年轻人这么了解，做一个好的在线形象依然是公司最重要的正面的事情。

你的那些"酷"而有趣的内容，会帮助人们在网络上查找到你，如果他什么都没有发现，他是不会信任你的。

在社交媒体上成功，其实意味着能够用有趣的内容吸引住大家。你必须遵循这样的思维模式，不然，你会默认进入销售模式，被你花费了时间和金钱接触到的这些人所屏蔽。

社交媒体是大家和朋友一起休闲娱乐的地方。如果碰巧你的公司就有这样的一个环境，那么请尽量用照片、视频和其他内容来展示。如果你运营的是一个店面，那么让它看起来像是一个大家都乐意去的地方。

很多时候，内容"酷"一些，总不会有坏处。本书所谈大部分内容其实并不是新概念，这些也是传统商业营销的基础。

与你的粉丝互动

畅销书作家罗伯特·艾伦和商业专家泰德·米勒合作，创建了一个名为"你的内在财富"的作家在线教练系统。

米勒是这样描述的：我的搭档罗伯特·艾伦现在已经65岁了。从20世纪80年代开始，他就在行业里出名了。他通过社交媒体保持对行业的关注。他是一个作家，并且在他的名下有6部《纽约时报》畅销书。他更加喜欢纸质的书籍，不过他通过社交媒体的早期阶段就意识到人们对于电子版的诉求。

你知道吗？罗伯特·艾伦通过和 Ethan Wilson 出版

公司合作，在亚马逊卖出第一本电子书之前，就卖出了100万本电子书！

这个事实告诉你，我们可以如何利用社交媒体把握住资本的脉搏，以及如何保持领先。因为他一直在最前沿，所以他最终通过这份授权协议，卖出了超过1亿份培训材料。罗伯特·艾伦的成功告诉我们，最重要的不只是跟随市场；而是预测市场会向哪儿走，看过去发生了什么、目前的趋势，以及未来的步伐。

这其实也是社交媒体为我们带来的一种机遇，通过和潜在客户互动，可以预测市场会在哪里以及如何最好地服务于它。这和做微商一个道理，你把粉丝当朋友，朋友也会给你指点迷津。当人们没觉得自己是在被营销的时候，他们的互动热情要热烈得多。

停止销售，首先给附加值

"你的内在财富"选择了立刻向潜在客户证明为什么这个系统是值得投资的。他们俩开始了一个革命性的战略：在销售发生之前就免费给予大家最好的东西。他们发现潜在客户对于更高价格产品的销售有了更多的回应。

米勒具体是这样操作的：我们看到了在整个销售流程中如何更好地使用技术。我们采用的一种方式就是"停止销售，首先给附加值"，也就是说在我们和潜在客户的新关系中，必须有人要先走一步。其实在每一种关系中都是这样。在恋爱关系中，一定是有一个人先说"我爱你"的。

米勒以脊椎按摩师为例，解释了这种理念。脊椎按摩师们不只是从身体上给你做理疗，他们可能还会提供一些精神上的帮助，甚至还能帮助解毒。他们做的是教育好那些潜在客户，应当如何调节自己的身体。然后他们会说："如果你只是做了理疗，那么你还没有考虑之所以会引起这些状况的心理问题。如果你把引起这些状况的情绪问题解决了，可能这辈子你就不再需要做理疗了。"这是教育一个人最经典的做法。如果某个脊椎按摩师这么做了，那么客户只会去他那里而不是去找城里其他的脊椎按摩师。

这和做微商是一个道理，你要在朋友圈里成为专家，首先要有可信度。如果你愿意首先付出，那么你的交易会更多。

　　米勒他们首先付出的方式是通过分享知识（或者说是教育）。你用怎样的方式做才能让他们更加迫切想要听到你能提供的内容？

　　如果你能把自己研究的知识成果，以适当的形式分享给自己的粉丝，那么他们会更加有可能想要进一步听到你能提供的内容，进而实现知识付费。所以你可以试着自动化你的销售流程来提升转化率。你要考虑的不是下一步做什么能够让他们买单，而是把重点放在第一步，因为这是实现转化率的前提。可能你应当停止这样的思考，而变成"我如何可以提供更多的附加值？"。

　　你的粉丝（潜在顾客）发现了你的内容非常能打动他，那么他们会很自然地走出下一步。一开始就提供足够好的东西，而不用把最好的东西留到最后。

　　客户是一直在学习的，你也应持续升级，再给他们更大的价值。不过这里真正有战略性的是你可以逐步改变他们，使得他们能自然地与你做生意。

把内容变成流量

传统出版公司其实是一种典型的内容销售公司，他们该如何以微商的形式扩大销售规模？假如作者是某领域小有名气的专家，在写一本解决某方面问题的书，你是出版公司的新媒体经理，你该如何做？

在开始出版的准备阶段，你就可以在网上说："我想让你做这份书稿的第一批读者，因为你是我朋友圈的粉丝，或者你在我的社群里，或者在微博上和我们有过互动。所以，我们会免费给你这本书的电子版，你只需要给我你的电子邮箱地址，你如果需要纸质版，而你需要做的事情只是支付邮费而已。"

这样，你就获得了粉丝的名字和邮件地址。

当你交付了这本书给了目标读者之后，你可以说："我猜你很想和这本书的作者对话吧，我们现场的活动在房间里有上千人，你的问题很难被回答到；而我们也做线上的交互培训。在线上培训的时候，你足不出户，就可以很方便地实现与作者的交流并提问，而且作者会指导你怎么做。"

这样，出版公司和作者就能从培训项目上向报名者收取几百元钱。

假如你送出一万本书，有十分之一的转化率，那么在培训项目上，就会带来几十万元的收入。

这个时候，你就可以把更好的服务用在这些精准客户身上，而不是潜在客户身上。你可以把最好的讲师、客服都放到这个利润最丰厚的环节上，传统的内容销售公司也能实现新的利润增长点。

现在就去做

对于你和你的客户，现在就进入诸如微信、微博之类的社交媒体才是最重要的。你应当在今天就利用它们。为什么你明明今天就可以开始赚更多的钱，却还要等呢？

Vat19 是一家礼品零售店，专门为客户提供新奇而特别的礼物以及独一无二的创意杂货。

比如，2012 年 6 月，礼品零售店 Vat19 生产出了世界上最大的小熊胶糖，大小为普通胶糖的 1400 倍。这种新甜食现已上市，每个不足 10 英寸却重达 5 磅，颜色和口味也多种多样。它不含麸质，吃起来和普通大小的糖果的感觉一样。

Vat19 创业团队称自己为"超级产品供应商"，给自己的定位是"令人好奇而又令人惊叹的产品提供者"。这个网站的创始人名叫杰米·萨瓦托利（Jamie Salvatori），他在最开始并没有用太多的社交媒体。

杰米说："我一开始不太相信社交媒体，坦白地说，我个人并不热衷于此。我还记得自己盯着社交媒体上的状态更新条看，不知道应该写什么。"

实际上，直到杰米在电视广告上开始看到 Facebook 做广告的时候，他才意识到该为了公司做一些必须要做的事情了。可是，杰米仍然是无从下手的感觉："我说的任何话对于其他人会有什么意义呢？感觉有点令人望而生畏，所以，我也一直没有做更新。我并不认为这会驱动销售，而且我也不确定我们如何用好社交媒体。"

杰米一开始认为："我们不需要说太多东西，只要宣布新产品或者新视频；而那些其实对于我们的网站来说也是多余的，因为我们提供的就是令人好奇而又令人惊叹的产品。"

杰米承认，在其早期的社交媒体运营计划中是犯了错误。最大的错误，是做得太晚了。

按照杰米最初的经验，使用社交广告的目的是让人成为自家企业的粉丝；不过这样的性价比也是不高的，因为一个"购买的"粉丝看起来价值是不高的。杰米跟踪了所有想得到的渠道转化率，认为社交平台的转化率和转化次数是最低的。社交媒体是不会像搜索引擎这样直接带来销售的。

然而，杰米认为，社交媒体却有其独到优势。一家公司冒昧地做自我介绍并不会受人欢迎，但社交媒体对于商业的价值这时就凸显了，它可以利用个人的关系来推广公司。

这其实也是微商的独到优势。比如，微信个人号在添加微信好友时必须得到对方同意。从心理层面上讲，接受一个人成为好友是独有的和私密的，这种形式有利于建立双方的信任关系。微商可以说是"先做朋友，再做生意"的一种商业形式。顾客之所以愿意来买你的东西，首先是因为信任你，这是一种社交关系的延伸。

卖家和买家是一对一的好友关系，在关系上是对等的，各自都掌握着社交主动权，双方都有结交权和绝交权。因此，微商可以说是一种社会化移动社交电商模式。它是基于社交媒体开店的新型电商。

所以，你可以创造机会，让现有的客户把你的品牌介绍给他们的朋友圈。诸如微博、微信等社交媒体，是一个公司运营"粉丝俱乐部"最佳的平台。

社交媒体既是直接的销售渠道，也是一个"粉丝俱乐部"平台。

杰米说："我们假设那些在微博上为我们点赞的人是我们的超级粉丝，而我们需要给他们提供工具，让他们有机会把我们推荐给他们的朋友。我们会试着在社交媒体上提供更加亲密的，在幕后参与的活动。"

03

第 3 章

交叉投递
策略

03

一个高质量的社交媒体营销策略，可以有效提升你的知名度。

盲目选择一个社交媒体平台，并在"一棵树上吊死"是不明智的。有太多的社交媒体网站可供选择，你是不可能把它们都纳入你的计划中去的。即使你能够做出一个计划，也会是对时间和金钱的浪费，因为很多社交媒体对你的目标都是没有帮助的。

你可以选择交叉投递 (cross-posting) 的策略，也就是在一个平台上提交内容，然后再把内容发布到其他平台的账号上。这样做的好处是，你的内容可以同时推送给大量的访问者。

互联网是在不断进化的，你的社交媒体运营策略也要不断演化。你要做足功课，才能跟上潮流。如果你能保持开阔的眼界，就不难找出"爆点"在哪里。

内容驱动流量

营销界有句名言："内容驱动流量。"在你的文章中多写一些可以被引用的词语，以及添加一些有趣的小图片，引流的效果会非常棒。

如果需要你为公司写帖子或者文章，那么你应该明白，写微博是一回事儿，而写一千字左右的博客是另一回事儿。

你如果无法驾驭长文，可以不完全由自己来写作。博客帖子甚至杂志的文章都可以很容易就外包给专业写手，不过好的写手通常都不便宜。需要有辨别力。只有出色的写手才能创造出色的内容。

如果你的帖子变得很热门，那么很多人都会加你微信，了解你销售的商品以及所提供的服务。然后，但愿他们从此就选择在微信上成为你的粉丝。

正如封面会决定一本书的销量一样，你的文章标题和介绍图片，会直接决定引流效果。

让帖子有病毒效应的一个关键点，在于内容有"干货"，人们更喜欢短小的、容易被引用的材料。把你的文章合理拆分成段落，让它读起来更加顺畅。"清单体"可以引诱用户读完你的文章。比如：

· 你的配偶对你隐瞒的 7 件事情

· 雾霾天依然留在北京的 9 个理由

· 熊能够做而你也应该做的 5 件最不可思议的事情

伴随着信息技术的发展，人的大脑开始有了一种"外挂化"的倾向，"每一个悬而未决的事情都必须存储于你的收集系统之中，而不是在你的大脑"。过去储存在大脑"文件夹"中的事物逻辑都可以"外化"为一张张清单。

因此，清单体（listicle）便成了一种新兴的社交媒体文体，其特点是以数字标注或者分行罗列的清单作为主要形式。

清单体其实是经过编辑整理的内容，很多微信公众账号的运营者扮演的正是这样的角色。使用清单体的互联网媒体中，以 Buzz Feed 网站最为著名，国内不乏模仿者，如微在。

没时间做社交媒体的工作怎么办？如果你时间不够，你可以雇佣几个员工，他们可以在一个好的社交媒体策略下运营你的账号，这些工作需要专业知识、时间和敬业态度。如果你的公司比较大，那么可以考虑聘请一个专家来帮助你制定策略。如果你每天省不出几分钟的时间，那么这时一个雇员可以很容易代替你做事情，或者你可以把这些工作外包给有经验的专家。

展示商品和服务的短视频平台

抖音几乎就是为做产品（或服务）演示而生的。广义的微商，也包括在抖音上用短视频带货的"抖商"。

比如，某家琴行，在上传的视频中专业展示了如何使用吉他、效果踏板和放大器。偶尔，他还会上传一个短视频展示如何播放著名的经典摇滚歌曲，而其中的核心设备都是自家店里销售的，抖音账号给琴行带来了几十万粉丝。

再如，被称为"才华哥"的网红艺术老师古也，他的每个视频展示一种普通人也能掌握的画画"神技能"：在盘子上画大海，用树叶画山水、用牙刷画星空……其中一条用牙刷画星空的视频，古也将个人能力展现及其美术课程做了绑定。每个视频以"我这该死的艺术才华"结尾，形成了有效的品牌传播，用其"该死的艺术才华"，招生人数暴增，成功实现了快速获客、变现。

在很多时候，在所有其他条件，比如产品、质量、品牌都一致的情况下，社交媒体会最终影响消费者选择购买哪家的产品或服务。

Vat19自家公司这样介绍自己的经验："我们的杀手哲学是用杀手级图片、杀手级视频和杀手级描述来展示我们的杀手级产品。"

这家公司在YouTube视频平台上有近百万个订阅者，而所有的视频有超过4.4亿次观看。这家公司在视频平台上所获得的流量，正因为他们是引人瞩目的。

替代纸媒的本地博客

博客也算一种社交媒体，只是它的社交属性没那么强。博主和读者之间也有交流，并提供读者评论和打分的板块。

如果你做微商，可以留意一下所在地的本地博客，他们占据的生态位属于已经逐渐消亡的本地纸媒。

你向他们分享自己的微商生意或者推荐一些有趣、有益的产品和服务，你可以尝试联系一个本地的博客主，让他对你做一个采访。

如果一个本地博客售卖广告位，那么你可以做一次购买，看看表现究竟如何。它可能会带来一些新的业务，也可能是完全的浪费，所以先不要太快下结论。

如果你或者你认识的某人有时间和激情，或者你的一个雇员有，那么你可以做自己的本地博客。写一些本地的活动和人，并为你的生意做一些广告。

策展内容的轻博客

轻博客是介于博客与微博之间的一种网络服务，博客是倾向于表达的，微博则更倾向于社交和传播，轻博客吸收双方的优势。

轻博客（汤博乐）是由一位名叫 David Karp 的美国人于 2007 年创立。它既不同于微博也不同于博客，轻博客是一种全新的网络媒体。网易轻博客计划于 2011 年 8 月中旬正式上线，并起用独立域名 lofter，定位于中国国内最具品质的轻博客平台。

如果微商企业拥有高质量的图片或者视频，同时又需要一定的用户参与，那么平台本身多媒体的属性使得它成为一个显然的选择。如果你的产品没有高质量的照片，那么轻博客可能不见得适合你。

轻博客主要是在于策展内容——收集并且整理关于某一个主题的图片和视频，然后展示和评论那些最有价值的内容。内容的策展当然要包括分享你自己的内容；不过，这也意味着分享其他人最好的内容。你只是对于发布自己产品的照片感兴趣吗？那么轻博客不会如你所愿。

到今天为止，使用轻博客最有效的行业是时装微商。这并不奇怪，因为这是由行业高度图形化的本质决定的。

大众点评

诸如 58 同城之类的同城服务网站，所采用的内容组织方式与传统报纸上的分类广告模式是完全一致的。

　　然而，大众点评却是一种能够让大家评级和评价本地生意的网站；而且如果你在上面的评论很好或很差，那么这个网站会对你有非常大的影响。如果你有实体店面，那么你可以在商店的窗口贴上"在大众点评上，大家给我们五颗星"之类的标签，并且在收银台的附近放置一个请大家发表大众点评评价的标识，礼貌邀请客户个人去大众点评上给你正面的反馈。

　　到大众点评上注册你的企业，放上一张照片和联系信息，然后密切注意这个页面。如果有人发表了任何 4 星以下的负面评价，千万不要生气，请用同情与理解的口吻公开回复他，然后如果可能，直接在线下通过电子邮件或者电话联系他。尽你所能把他变成你的同盟；即使看起来他是完全没有理由抱怨的。

　　平台的过滤功能，会把最负面的和最正面的评价都单独拿出来考量；而那些攻击竞争对手的评价也会被过滤。

　　聪明的用户都知道，被滤掉的评论往往包含了最好的内容。最起码，这是诚实的负面评价的仓库。聪明的用户也都知道不能盲目相信那些来自没有几个好友、也没有什么其他评论的评论者的闪亮的五星评价。

行车路线与地图认证

如果你的潜在客户因为导航或者地图软件不准确，不知道如何到达你的实体店的位置，你前面的营销工作简直白做了！

诸如百度地图、高德地图等电子地图，具有导航作用。有实体店的微商，也可以向这些电子地图公司申请认证，进行推广。这是因为，目前地图搜索普及率很高，可以提升店面曝光率，免费的广告宣传。当地顾客在需要购买微商的商品或服务时，可以在手机上用电子地图搜索。而被添加认证标识的企业，则会显得更具权威真实性，并且可以在用户搜索时优先被搜索到。

避免成为微信"营销号"

自从微信诞生，许多商家开始用微信进行营销。

在微信生态中，85%是正常用户，剩下15%则游走于密不透光的黑灰地带。"黑"主要是涉黄、聚赌、诈骗等违法用户；"灰"则是肆无忌惮群发广告打扰其他用户、过度营销、影响平台用户体验的群控号、淘客号、部分微商号、爆粉号、刷量号、黑五类客服号等，这类微信号统称为"营销号"。

早在 2016 年 8 月，微信就整顿了过度营销号，重塑健康社交生态，并首次提出，官方对扰民违规的"无意义垃圾信息"划分为两类。

第一类是被多次转发的广告信息（含二维码、销售、价格、优惠等广告内容）。尽管这么多年来，微信官方对此讳莫如深，甚至发文辟谣，但他们明确指出，肆意发布广告链接有可能被封号。

第二类是同质化内容，即一定数量用户，在同一时间段发布相同内容（包含文字、图片、视频等）。大家想象一下，某天你打开朋友圈，发现大家都在发同一句话，同一张图片，同一个视频，并且每天如此，你会怎么做？毫无疑问，你再也不看朋友圈了。所以说，除了广告，同质化内容也是影响用户体验的罪魁祸首。因此，同一内容在朋友圈被传播多次，就会被"技术处理"。

微信对"营销号"的判定标准是动态变化的，下面这个判定标准，是来自一线运营者的经验汇编，仅供参考。

1. 涉嫌营销号的行为

· 连续一周每天发布（无意义垃圾信息）7 条以上的。

· 注册时间一年以内，好友数量 2000 以上的。

· 连续 4 周不切换 IP 地址的。

· 群发信息一个月内，每周超过 2 次的。

· 每周好友增加数量在 20 以上的。

· 建群数量超过 20 个的。

· 同质化内容发布超过一个月以上的。

· 大量微信转账、大量群发红包的。

· 入驻多群、在群里不断添加好友在 20 人以上的。

· 与陌生好友（非手机号添加的好友）频繁互动的。

· 每天有点赞行为，并持续一周记录的。

· 频繁被拉黑，每月超过 20 次以上的。

· 在朋友圈被超过 20 人屏蔽。

2. 营销号的类别

· 以转发同质化内容为主体的微商号。

· 以发送链接为主体的推广号。

· 以群为基础单位频繁邀请好友的互动号。

· 以群发为主体的过度营销号。

3. 营销号的处罚机制

我们知道了营销号的判定标准，那么，官方如何处罚营销号？

可以肯定，对于违规营销号的处罚，并非两年前江湖盛传的"降权"，而是"降频"，即在平台用户活跃时段，减少无意义垃圾信息的传输频率。比如你发布 3 条朋友圈信息，但好友只能看到 1 条。

据传，微信研发了一套叫作"蜜罐法则"的封号机制，即相同行为的违规营销号，按 80% 概率封号，10 个封 8 个，给剩下的 2 个做标记，并附加无敌光环、不死金身，放回去自动匹配同类，从而一举三得。这个机制的目的大概有三点：第一，不容易被对方轻易总结出封号原因；第二，误导对方，让对方误以为没有被封掉的两个号的运作模式是可以防封的；第三，继续观察两个违规样本号周围的微信号行为，总结并迭代新的违规标准。

目前，被判定的营销号数量是 8000 万个，大概占比 10%，除降频处罚外，大家也不用太担心，毕竟基数庞大，官方不可能一刀切掉。尽量绕开上面的条条框框，同质化内容（特指广告素材）转发总量控制在 100 以内，问题应该不大。

总之，大家要遵守规则，不要总想着钻空子、铤而走险。赚钱不容易，在 3000 万微电商从业者还无法脱离微信生态存活的情况下，营销号要尽量做到克制、不扰民。

利用短视频

你可以请达人代为拍摄一款"开箱视频"，来展示你的产品第一次被使用的时候，被打开包装、组装和使用的视频，通常，达人自带流量，可以让产品火起来。

你也可以自制一组"病毒"视频——即那些容易被人转发的视频。这里有一个屡试不爽的窍门是：幽默的视频一般都表现不错。即使你是一个小品牌，病毒视频也是可以对你有效的。你可以做一个滑稽模仿秀，哪怕其中的内容只和你的品牌有一点儿关联。

占领百度百科

百度百科是一部内容开放、自由的网络百科全书，旨在创造一个涵盖所有领域知识，服务所有互联网用户的中文知识性百科全书。在这里你可以参与词条编辑，分享贡献你的知识。百度是第一大中文搜索引擎，如果你的品牌在百度百科上有一个条目，那么对于你的品牌可信度是很有帮助的。

线下流量是个富矿

微商的未来将与新零售殊途同归，也就是通过线上线下的深度融合，为消费者打造个性化、精准化、智能化的消费体验。其实，线下流量是一个富矿，如何把庞大的线下流量价值挖掘出来，是每一个微商从业者所应思考的问题。

比如，一些培训机构，免费试听课，也有微信推广。免费体验的潜在客户，必须在自己的朋友圈发送培训中心指定的微信群二维码，发完后截图发到微信群，必须完成以上动作，才有资格获得免费课程。这就是一种通过"地推"获得的流量。

以路边烧烤为例，在一线城市，对于实体经营者来说，只要选择一个好地方，口味还过得去，每个月流水 10 万元不是什么难事。但对一个小城市的经营者来说，就没那么容易了。

阿虎烧烤第一批原始用户是从微博上积累的。当时微博算是热门社交工具，高质量用户有不少，此外他还借助当地微博大牛推荐与转发广告来扩大影响力。

拥有一定用户之后，阿虎烧烤就采用各种方式调动用户购买欲望。比如微信号下单优惠 5 元的办法。经过 20 多天时间，微信上的粉丝已有了 200 多位。还有晒单送电影票活动，只要微博或者朋友圈订购烧烤后晒单给出真实点评，或者到当地的论坛美食板块中发帖晒单，都能获得电影票一张。但取票是有规则的，需要下次预订烧烤的时候才送上，这就促进了二次消费，很多用户为了拿到电影票又会来预订，由此实现了顾客转化。

04

第 4 章

销售漏斗
与成交转化

一分耕耘，一分收获，对于微商来说，不要有粉丝量的焦虑，踏踏实实地做下去，就会有收获。最基本的工作，是把自己的朋友圈认真打理好，写出好的内容，而不是一天到晚暴力刷圈。不断探索，总结经验，一步一个脚印，才能把自己的微商事业做好。

给客户加入你的社群的理由

你不要以为注册了微信，发布了几条营销的消息，就能看到顾客蜂拥而来。如果你真这样以为，那么说明本书前面的内容你可能还没有完全读懂，是时候清醒一下了。

在过去，社交媒体上，一个好的运营策略包括为你的企业获取用户的"赞"，为你的内容点赞的人会看到你发布的内容，从而构建你的受众，并扩大影响力。然而，仅仅这样是不够的。

潜在客户关注你的账号，只是举手之劳。如果需要进一步的互动，可以让粉丝加入你的社群。但这需要一个触发的契机。

如果你想要通过社交媒体进行内容营销，提升粉丝数量和活跃度，那么一个绝佳的策略是，应当为你的粉丝提供一些独特的内容，也就是为你的观众（潜在客户）提供一个点赞并加入你的社群的理由。比如，提供一些只有粉丝才能够看到的内容。

你也可以考虑提供一些"会员专属"的推广。你理想中的客户对于什么样的"福利"会是最感兴趣的呢？

歌帝梵（Godiva）巧克力有一个歌帝梵俱乐部，消费者可以从其社交媒体申请参加。免费的巧克力当然是一个很好的奖励，当用户加入歌帝梵俱乐部的时候，系统会收集邮件地址并完成联系信息。这些对歌帝梵感兴趣的消费者，会获赠一小份包装精美的巧克力。

分析你的销售漏斗

推广你的社交媒体页面，从而构建你的目标受众群。只有你才能决定一个满意的最低目标数字。可以是 2000 名关注者，也可以是 20000 名关注者。你已经可以启动你的微商事业了，这个数字当然不是最后的目标。

销售漏斗（Sales Funnel），直观描述了众多销售目标或销售机会在某一时间的不同状态。销售漏斗体现了一个订单的销售全过程，开头寻找意向客户，中间通过层层过滤，最终销售成交。

潜在客户（Prospect）

接触客户（Contacts）

后续洽谈（Follow-ups）

提案／报价（Proposal/Offer）

销售／结案（Sale/Close）

■销售漏斗模型

销售漏斗这个模型，对微商的销售与成交转化，具有很强的指导意义，比如——

寻找潜在的目标客户 2000 个

引起客户兴趣 1000 个

微信咨询，确认商机 800 个

询价并比较决策 400 个

最终购买产品 200 个

通过销售漏斗分析，我们可以看到，目标客户购买转化率为 10%。

销售漏斗包含了销售线索的主要吸引力所在、可能会出问题的陷阱，以及能让利润最大化的环节。

第一步是吸引你的目标客户，比如用一些免费的东西来吸引目标用户来加你。优化你的个人资料页面，这个我们在第一章已经谈过了，这样来让转化率最大化。对你的产品或服务感兴趣的客户，会陆续向你展开咨询，这时候你或你的团队要耐心地答疑。

从寻找潜在客户到成交这个过程中，你要分析，是什么最终降低了成交率，总结直接经验和教训，把你的销售转化率提升上来。

如果你的客户在购买后转介和推荐了你，你要做出积极回应，对其奖励。

找出你现在的客户为什么会推荐你，并使用这个信息帮助销售来跟进。

粉丝不见得越多越好

被吸引并付费的人才算是真实的粉丝，其他人只是过客，这才是做微商的真谛。

如果你的目标市场本来就不大，那么在一个狭小的区域范围之内有数以百万计的铁粉可能是不现实的。

然而，哪怕你只有 1000 个付费铁粉，他们愿意成为你的朋友，你这辈子也可以活得很滋润了。哪怕你有 1000 万的粉丝，成交转化率却接近于零，那基本上也是瞎忙。不信可以去微博上看，即使某些明星大咖，所谓的千万粉丝，互动量其实也少得可怜。

要完成销售，不见得需要大量的粉丝。在社交媒体上的参与度绝对是"要质量而不是数量"。

你可以忽略这些虚名的数据：赞、粉丝、好友和跟随者。你需要关注的是那些驱动销售的行为。

在你的网店的销售页面上，让正面评论更加显眼。这是一个和客户进行简单和介绍性接触的极好方式。正面的评价可以很快建立信任。不过，你需要经常监控评论。一个负面的评价会让你损失很多客户。

在生意最差那天做促销

除了建立信任之外，微商主要的任务是打开品牌的知名度和品牌推广。如果你有一个新的产品、菜单项目或者服务，并且想要获得最大限度的曝光，那么在社交媒体上的一个活动或者赠品抽奖，有时会起到不可思议的推广效果，这比任何传统的媒体活动都更低成本，也更有效果。

有没有什么东西是你可以打折推广或者免费推广的？一个好的战术就是在一周中生意比较差的那天打折，或者用抵价券来帮助销售某些清仓产品。如果有些东西好像怎么都卖不掉，那么就把它作为打折的商品吧。

国外有一位名叫罗伯特·欧文的网红大厨，他在社交媒体上有一批粉丝，特别认同他所开的餐厅，很多人甚至会提前几个月预订座位。

罗伯特·欧文走红，不仅仅是靠他的烹饪技术，更在于他的人格魅力以及他与粉丝之间的互动。

罗伯特·欧文的营销策略可以供微商从业者借鉴。罗伯特·欧文在南卡罗来纳州希尔顿·黑德岛上，冠名了一家名为 Eat! 的餐馆。这家店面临周围 200 家其他餐馆的竞争。岛上本地居民很少，来岛上旅游的人数比较多。餐馆之间的竞争很激烈，特别是欧文大厨每年有 300 天在做表演或者其他的活动时。

罗伯特·欧文还冠名了一家名叫 Nosh 的餐馆，在距离希尔顿·黑德大概 8 英里远，位于大陆上的南卡罗来纳州的一个小镇，它也主要服务于旅游者。

欧文大厨把这两家餐馆的日常运营交给主厨李·卢西

尔，而卢西尔也和欧文一样，参与了一个美食类电视节目。除了按照欧文大厨出了名的高标准来运营两家餐馆。卢西尔大厨还执行了一个帮助他们延续成功的社交媒体策略。

卢西尔说："我们是在一个小岛上，有很多种方式可以做广告。但是这些都是要花很多钱的，对于餐馆来说回报很少。我们发现最好的方式是做餐馆的特色菜和主打菜，然后在社交媒体上告诉大家，这是给大家很大的福利。我们也试过和其他公司绑定从而获得一些流量、各种各样的Facebook 广告等；而能够对我们持续有效的就是这种方式，所以我们会一直这样做。从财务的角度来看，社交媒体广告提供的回报要比平面广告好得多。如果你有合适的客户群，电视广告也不错。不过在我们这个岛上，我们所处的是旅游度假市场，所以电视广告不如在大一些的本地市场上有效。"

Eat! 餐馆是在 Nosh 餐馆之前成立的。

卢西尔大厨透露，在第二家餐馆开业之前，他们已经敲定了社交媒体战略："我们延续了之前一直在做的工作。我们很关注细节——看用户的回复是什么，如何分析一些活动，以及它们到底做得怎样。这两个餐馆是齐头并进的，因为其中一个的成功意味着另一个也会成功。人群特征和用户基础是一样的，所以我们可以把营销工作组合起来。这两个餐馆间隔约 13 千米。不过，当我们在做《拯救餐厅》这个电视节目的时候，我们发现经常会遭遇这样的情况：人们认为他们可以在每种情况下都采用同样的策略。很多人都会犯这个错误——他们针对每个地点都会采用同样的营销策略，他们当然失败了！因为在每个市场中的客户都是不一样的。甚至，你不可以在两个地方的同一家餐馆使用同样的战术。因为他们的目标客户群不同。"

即使在餐馆上冠有一个网红大厨的名字，也不能保证一定会成功。

不过，卢西尔大厨也说，如果把罗伯特·欧文大厨的餐馆上赖以成功的手段都用在另一个大厨的餐馆上，他也会成功："在每个星期二的晚上，所有的小吃都是半价的。这个活动非常流行，而且顾客们都很喜欢它；他们会提前几个月预订座位。打折的成本来自我们原本的广告预算。我们收入的很大一部分来自这一天——请注意这是星期二的晚上，通常来说对于餐饮行业是很糟糕的一天。"

罗伯特·欧文的公关经理就曾指出，粉丝的参与度才是关键、而我们更应在意的数字是质量，而不是数量。如果你有十万个粉丝，不过只有两三个人在谈论你，那么其他九万多个人对于你而言其实是没有什么价值的。你要做的是，把正确的人引导过来。人们喜欢和罗伯特大厨进行沟通，而团队中其他的人都应帮助用户有这样的体验。

微博揽客，微信留客

孟醒，网名雕爷，阿芙精油、河狸家、雕爷牛腩创始人。作为一名连续创业者，雕爷的思路对微商运营很有指导意义。他的专著《MBA 教不了的创富课》内容非常庞杂，征得作者授权，在本书直接引用一些雕爷和微商的相关文章。

雕爷认为：微博揽客，微信留客，微博发现问题，微信解决问题。

所谓"微博揽客，微信留客"，主要是针对营销方面的，因为微博的媒体属性，你可以轻易通过大号转发，顷刻间令千百万人知道你想说的事情。举例来说，雕爷牛腩项目，通过"封测期"，用极少代价，以微博当主战场，令一家新餐厅短短数月内，打开了全国的知名度。

微博揽客的要点在于，你得有"内容"，这是个"广告即内容"的时代——在以前的传统广告时代，只要你有钱，就可以把很无聊的硬广告打到每个人面前。但自媒体时代，对不起，就算你付费，如果内容干巴巴，也引不起丝毫波澜。不信你可以去一些微博大 V 的账号统计，当他们一条有趣内容转发经常几千一万条的时候，明显带有硬广告性质的微博则经常一落千丈到仅几十个转发回复，还经常是骂博主的……内容有趣就不同了：当雕爷牛腩封测期结束最后一晚，请来苍井空吃饭，而留几手"偶遇"的那条微博，创造了三四万的转发回复高峰，瞬间成了当晚的新浪微博热点词。

但微博毕竟是弱关系，所以要靠微信来不断沉淀品牌和顾客的沟通，尤其微信还带有私密的性质，有些营销活动，更适合在微信进行。例如，我们就经常开展给微信上的雕爷牛腩 VIP 送菜，这种给顾客的专属尊贵感，以及低廉的传播成本，是其他渠道所无法比拟的。

"微博发现问题，微信解决问题。"怎么讲呢，雕爷本质上是个宅男，但雕爷牛腩却是实体店面的生意。嘿嘿，现在爽得我呀，寸步不移，细节全知——就说昨天，一个顾客揶揄我们，"雕爷牛腩啥呀，吹嘘自己融资老高了，结果连灯箱坏了都没钱修。"并配图一张，确实朝阳大悦城店的灯箱上，"腩"字不亮了。第二分钟，我就已经在微信群里，讨论这件事如何解决了。我要求店长必须在微信群内出示截图证据，因为如果他报修的时间早于顾客发微博，那么就证明店长是合格的。但晚于顾客发现，则必须接受罚款。看，这就叫'微博发现问题，微信解决问题'。"

我要求管理层，每天必须至少一次在微博搜索问题。我自己则几乎每天搜索十余次，甚至我们有个"首席微博监测官"，随时发现问题，然后就在微信群里@相关负责人。而被@的那个人，则需尽快给出改善时间表。

最终，又回到了我永远信奉的座右铭：刻意练习，微小改进。这个有了微博和微信的时代，微小改进做起来格外顺畅。事实上，腾讯不就是个微小改进造就的伟大公司么？从qq到微信，没哪个腾讯的产品是原创，但他们就是能不断微小改进，令顾客越发感受贴心，最终打败了所有竞争对手。其实，传统行业也不例外，能够颠覆整个行业的机会，没那么多！大量传统生意，就看谁能快速改进，伺候得消费者爽——这时，作为管理者，及时发现问题，快速改进问题的手段，就成为"胜负手"。

为何传统小店经常比连锁大店更贴心？因为老板亲自照看呀，随时就把问题改善了——但是，现在有了微博和微信，像我这样的宅男，虽然都不去店里，却可以像夫妻小店的老板一样，分分钟观察顾客的喜怒哀乐，并无休止地改进下去。

获取并展示顾客正面评价

当顾客购买你的产品和服务，并感到很满意时，你需要趁热打铁，尽快获得客户的"证言"。

当正面的体验在顾客的脑海中还很没有变得模糊的时候，你就要想办法拿到他们的积极评价，而不是等到几个月之后。比如为转发和好评的客户提供一些奖励。

你要让这些热评的位置更加显眼，要放在页面的显著位置，这是说服其他顾客的极好方式。

找出你现在的客户为什么会给你正面评价，总结经验，提升销售技能。

05

第 5 章

微商要有

客群思维

很多微商新手有一个通病，不择手段地加粉，到处加粉、甚至花钱买粉。他们认为粉丝多了，自然会有销售转化，对商品销售有帮助，却不知道，不精准的粉丝和"僵尸粉"相比，效果好不到哪儿去。

精准客群的复购力是非常高的。如果说传统的电商形态是把 1 件产品卖给 1000 个人，那么微商则是把 1000 件产品卖给 1 个人。因为每个人都有多方面的需求，需要买鞋也需要买衣服，需要化妆也需要背包包。

搜寻客群，发现利基

一个行业，市场的"盘子"越大，竞争越残酷。

从形而上的角度讲，每一个企业都要有自己的"利基"，没有一个企业能得天独厚，同时具备"又快、又大，始终赚钱"这三件事。

俄国生态学家格乌司曾经做过一个实验，他将一种叫双小核草履虫和一种叫大草履虫的生物，分别放在两个相同浓度的细菌培养基中，几天后，这两种生物的种群数量都呈 S 型曲线增长，然后，他又把它们放入同一环境中培养，并控制一定的食物量。16 天后，双小核草履虫仍自由地活着，而大草履虫却已消逝得无影无踪。经过观察，并未发现两种虫子互相攻击的现象，两种虫子也未分泌有害物质。只是双小核草履虫在与大草履虫竞争同一食物时增长比较快，大草履虫被赶出了培养基。

接着，格乌司又做了一个试验，他把大草履虫与另一种袋状草履虫放在同一培养基中，结果两者都活了下来。原因是这两种虫子虽然吃同一食物，但袋状草履虫吃的是不被大草履虫喜好的那一部分食物，这就提出了一个专业概念叫：生态龛位 (ecological niche)。就好比，同样都是肉食动物，老虎吃肉，狐狸捡漏，秃鹫吃那些腐肉。因为生态龛位不同，大家都能存活。科罗拉多岛是巴拿马运河上的一个 15 平方米的小岛，在这狭小的土地上竟生存着多达 74 种蝙蝠，为什么呢？因为每种蝙蝠占据不同的生态龛位，对食物资源有着不同的要求，有的以鱼为食物，有的专吃昆虫，有的像蜜蜂一样以蜜为食，有的则专门寻找胡椒的种子。食物不同，既降低了彼此之间的竞争强度，也最大限度地利用了自然资源，这两个原因是造就生物多样性的主要原因。

生态龛位，在营销学中被译为"利基"，其实就是指的这种龛位。

就如同自然界不可能出现"体型又大、又会飞，还特别能繁殖"的动物。从生态角度讲，如果同时具备，生态系统必然出问题。这就要求你做出取舍，甚至要学会如何在夹缝中求生存。

搜寻你的客群，就是寻找你的利基。也就是说，你的最佳客群在哪里，你要和谁做生意，这应该是首先要考虑清楚的一件事。

做了客群的取舍，你的思路就会更清晰，创造全新的顾客价值就容易了。

在客群的基础上，你可以做社群。社群形形色色，这里主要谈两个。一个是人脉型社群，主要是以人为核心，实现资源对接，这是人脉型社群最有魅力的地方。还有一个是产品型社群，包括卖货的、搞培训的。产品型社群除可以很便捷地完成产品售前的信息发布，还可以进行售中答疑、售后服务，以及危机公关等。

比如，你是做母婴产品的微商，你可以在宝宝树、妈妈帮等这些妈妈社交媒体平台上发布一些妈妈们比较信任的话题，通过有价值的内容吸引读者，与别人建立信任感。做母婴产品的微商，不是做性价比，而是把信任做起来才能成立。

有了信任才能慢慢建立起你的目标客群。坚持并且用心，才会有增加粉丝的效果。做微商不容易，尤其是前期积累客群的过程，更是对耐心的考验。只要前期打好基础，后面会越做越轻松。

这里介绍一种超级 QQ 群引流术。第一步，先确定你的潜在客户群，然后加相关且质量高的 QQ 群，通过多个 QQ 号加大量相关 QQ 群，然后每天加 QQ 群内的成员为 QQ 好友。第二步，花 25 元钱把其中一个 QQ 开通超级会员。超级会员有克隆 QQ 好友的功能，可以把其他 QQ 号的好友克隆合并到这个开通会员的 QQ 号上。克隆完成后，再把它绑定到自己需要推广的微信号上，通过微信添加里面已经开通微信号的 QQ 好友为微信好友。

买鱼钩的客户最后买了游艇

有一则寓言，对微商从业者具有借鉴意义。寓言讲的是一个刚刚毕业的大学生在一个销售公司工作。有个顾客来买鱼钩，结果，这个大学生向这个顾客卖出了一艘游艇。

这是怎么回事呢？

他说："客户来后，我首先向他推销鱼钩，告诉他鱼钩怎么好，他就买了小鱼钩，我又说小鱼钩不能钓大鱼，大鱼钩才能钓大鱼，他又买了大鱼钩。当然只有鱼钩是不行的，还得有鱼线，于是他就又买了大小号的鱼线。后来我又问他怎么去钓鱼，他说坐朋友的游艇去，然后我就又问他为什么不买一个游艇呢？这样以后自己想什么时候出去钓鱼都可以。于是，这个客户就从我这儿买了一艘游艇。"

做微商不是一锤子买卖，而是一辈子的朋友。当顾客信任你以后，同样的东西，他更喜欢在你这里买。

那个想钓鱼的客户，就是慢慢接受销售人员给他安排的从小到大的要求，因而他没有产生反感情绪，反而欣然接受了。

微商从业者也应有这种策略思维。微商是新生事物，人们总是心存疑虑的，一般都是从小额交易开始的。所以，循序渐进，很有效果。

根据这个工作不久的销售人员的诉说，我们还可以分析到，这个销售人员是抓住了那个想钓鱼的客户的心理。销售人员对该客户的心理进行分析，采取了这样好的推销术，才将游艇卖了出去。

其实销售就是要让销售人员掌握客户的心理，并对他们的心理需求提供解决方案。而这个销售人员就是针对客户的需要，慢慢地进行引导。

做微商要有一定的心理分析能力，多与客户接触就会发现他们的需求和消费心理，用适当的手段方法，只要将客户的心理抵抗消除，并满足其需求，这就是成功的表现了。

以客群为纲，纲举目张

阿芙精油创始人雕爷曾说：一个贩卖钻石的人，可能同时还是一个推销高档鱼子酱的人。因为愿意购买钻石的人，极可能愿意花钱买鱼子酱。这就是一种客群思维。

很多人会有一个疑问，米其林一个贩卖轮胎的公司，为什么要跑去做餐厅品鉴啊？

米其林是一家有着一百多年历史的轮胎公司，在米其林刚建立的年代，汽车是一种名副其实的奢侈品。

1900 年巴黎万国博览会开幕，这个时候，全法国共有汽车不到 2200 辆。

米其林兄弟将地图、加油站、旅馆、汽车维修厂等等有助于汽车旅行的资讯集结起来，出版了随身手册大小的

《米其林指南》，免费派送给客户。米其林兄弟倡导的"出门远行，吃喝玩乐"的生活方式，是一种非常"高大上"的奢侈行为。

尽管《米其林指南》风行巴黎，却免费送了十年。

1920 年，米其林创始人发现《米其林指南》竟然被维修厂员工当作砖头垫桌子，才改变了这本册子的运作方针。

米其林兄弟意识到，拥有私家车的车主都是有钱人，如果为他们提供他们真正在意的信息，他们不介意付费。于是，《米其林指南》不再通过打广告来补贴免费派送的成本，不再刊登广告，改为专门提供餐厅品鉴。如果一个餐厅获得了米其林评级的一颗星，那就说明这家餐厅得到了米其林的认可，如果是两颗星，这家餐厅就是"极好的"，三颗星意味着值得专门前往这家餐厅试一试。米其林做餐厅评级恰恰就是这个理由——"值得你专门出门旅游去这家餐厅试一试"。

改版后的《米其林指南》虽然由免费改为收费，却更加受到了车主的欢迎。

就算没有汽车的人，对米其林的推荐也趋之若鹜。毕竟，风尚是从上层阶级开始流行的嘛！

再说另一个企业 IBM，你说它属于什么行业？你说它是 IT 行业？服务行业？其实归入什么行业都无所谓了，它的客群始终没变。

IBM 过去曾拥有计算产业最优秀的商业销售团队，也有着堪称全世界最好的一个客群——全球 500 强企业和政府。IBM 可以大刀阔斧地变革，但唯有客群不能变，那才是它的衣食父母啊。

IBM 当年有一则宣传广告：没有人会因为购买 IBM 的产品而被解雇。其潜台词是有可能你会因为购买其他品牌的产品而被解雇。

这也道出了 IBM 客群的特质。这些客户群体对最前沿的技术并不敏感，求稳是他们的特征，通过完善的服务以及百年历史背书的信任，IBM 牢牢地抓住了这个客群。表面看，IBM 一直在转型，但是客群始终没变。

IBM 全称为国际商用机器公司，于 1911 年由托马斯·沃森创立于美国，堪称百年老店。IBM 最初是做磅秤的，对呀，磅秤也是一种商用机器。后来，IBM 由一个做磅秤的公司一直与时俱进，先做大型计算机，再做小型计算机，而后又发明了 PC，也就是个人电脑。再后来，又从达能集团挖来了原来做饼干的职业经理人，名叫郭士纳。这个不懂计算机的外行经理人，索性把 IBM 的硬件业务差不多卖了个精光，比如把著名的笔记本电脑业务卖给了联想。IBM 实现了由硬到软的转型。一直到了今天，IBM 仍然是世界上最成功的公司之一。

在自然界，每种动物都必须找到自己独特的"生态龛位"（ecological niche）才能存活。微商要有客群思维，社群运营也就摆上了日程。社群营销的精髓不是"找猎物"，而是"找同类"。所以，微商运营的关键不在于"经营事"，而是在"经营人"。既然是跟人打交道，情商就会显得非常的重要。

社群认同，有样学样

所谓的"有样学样"就是：看别人正在做什么，然后做同样的事情。种种本能根植于我们大脑中，它源自一种与生俱来地想要社群认同，被他人接受，并被视为正常的需要。

从很小的时候开始，人们就会把自己定义为各类社会群体的一员。

起初，是我们的直系亲属组成的家庭，我们在那里习得并完善了赢得关注与获得赞许的策略，例如微笑、大笑、流泪、发脾气。

随着我们逐渐长大，我们所属的社会群体扩展至老师和同学，工作中的雇主与同事，以及朋友与邻居。我们倾向于想要表现得和那些人一样。

与他人同步，会让人感到比独自行动时更加强大勇敢与自信。应用这种模仿启发法可以减轻压力与焦虑。

我们之所以赶时髦，也是基于减压的需要。人们会因为感到安全而做出更冒险的决定，这是追求一种社群认同。

正是基于这种心理机制，部队可以训练新兵齐步前进；教会可以带领信众反复吟诵圣诗；消费者会连夜排队购买某款手机。

　　在营销上，模仿启发法具有非常现实的意义。微博上的一些用户只是因为看到了某个好友的推荐就被说服去购买一件商品、阅读一本书、看一场电影、下载一首歌、推荐某条微博，或是为某个帖子点赞，然后更多的人就会紧随其后。

　　但是，这里面隐藏着一个问题。购买并使用那件产品的人肯定会被购买了相同产品的消费者视为同类，如果"非我族类"也在使用那件产品，其销量可能会受到影响。

　　所以，社群也会采取措施限制那些被视为异类的消费者接触到这些产品。

　　比如，某些奢侈品生产商会特意订制对蓝领工人的吸引力最低的广告内容，比如遣词造句、图片风格、音乐风格等，以设法把他们的客户群体和蓝领工人群体区隔开来。

亚文化也能玩出大生意

　　互联网是"长尾人群"聚合器，所谓的亚文化群体也能聚沙成塔。

早在 1950 年，大卫·雷斯曼就提出大众和亚文化的差别，并且将亚文化诠释为具有颠覆精神。

大众是"消极地接受了商业所给予的风格和价值"的人，而亚文化则"积极地寻求一种小众的风格"。于是"听众……操控了产品（因此也操控了生产者），就如同产品操控了听众一般"。

在美国，最具有影响力的俱乐部是哈雷摩托车俱乐部。美国的摩托车可以走高速公路，可以选择任何一个车道，因为摩托车代表了美国的文化——自由、激情、英雄主义。一台上好的哈雷机车的发动机价格，比一台普通宝马的发动机价格还要高。美国每年的摩托车大赛的选手，在华盛顿巡游的最后一站设在白宫，到达白宫的时候，总统要亲自出来接见他们。可见，"圈子"的力量非常强，它不仅仅代表一群人，而且是代表一种亚文化，产生一种凝聚力和文化力。

因此，当一个亚文化成员即使没有任何其他人在场，也会消费某种产品时，他是在一种想象"他人"在场的脉络下的消费行为——他的消费行为常常是为了要去和那些

"他人"建立起关系。他对大众媒体的观感受到他所隶属的团体的塑形。这些团体不只是在为音乐分高低而已，他们是以一种更细腻的方式，在为团体中的成员选择他们会在音乐中听到些什么。

一个文化通常包含了很多个亚文化。亚文化和其母文化有很大一部分是结合在一起的，然而在某些特别的面向上，两者之间就会有极端的差别。某些亚文化的差异在到达了某个程度以后，会拥有自己的名字。亚文化风格与主流风格不同的地方在于，亚文化风格是刻意"罗织"出来的，带有"被建构性"，不同于主流风格的传统性。

我们是易被影响的物种

你哭泣，身边的人会觉得伤心，你发怒，其他人也会跟着不开心。

你若鼓掌，其余的观众也会开始鼓掌。你若朝废弃建筑的窗子扔一块石头，几小时后几乎所有的玻璃都被路人打破了。

你打了个哈欠，其他人也会跟着打哈欠。打哈欠是会传染的，笑声也是。因此，在肥皂剧中会用现场观众的笑声或后期加进去的"罐头笑声"，使观众认为自己观看的内容真的很有趣。

脑神经科学，也是理解人类行为的一把钥匙。

人类大脑里有一种被称为"镜像神经元"的神经细胞，激励我们的原始祖先逐步脱离猿类。它的功能正是反映他人的行为，使人们学会从简单模仿到更复杂的模仿，由此逐渐发展了语言、音乐、艺术、使用工具等等。这是人类进步的最伟大之处。

镜像神经元是近来认知神经科学研究的热点。镜像神经元的发现一经公布，立即在全世界科学界引起巨大反响。科研人员把这样一种具有特殊能力的神经元，称作"大脑魔镜"。有些研究者甚至大胆地断言：镜像神经元之于心理学，犹如 DNA 之于生物学。通过研究镜像神经元，可以揭示人类社交互动和模仿学习的奥秘，比如婴儿学习成人的表情就是因为有镜像神经元，而幼儿自闭症可能与镜像神经元功能失调有关，而刺激镜像神经元功能还将有助于中风偏瘫病人恢复行动能力。

人类天生就爱模仿别人，广告商和营销人员早已熟知并且探究了我们的这一特性。说服消费者相信一件新产品是必买品的最有效手段，就是向他们证明很多人都买了这件产品。

"人是社会的动物"，关于镜像神经元的研究成果，充分印证了这句话，同时也可以充分解释营销中的怪诞现象。意见领袖型消费者——马尔科姆·格拉德威尔称其为"引爆点"——是在产品获得巨大的商业成功之前出现的。

意见领袖，是指在人际传播网络中经常为他人提供信息，同时对他人施加影响的活跃者，他们在信息传播效果的形成过程中起着重要的中介或过滤的作用，由他们将信息扩散给受众，形成信息传递的二级传播。世界上 90% 的客户，在网上购物都会受评论的影响，因此，意见领袖构成了微商运营所不容忽视的关键组成部分。

06

第 6 章

售卖美好,

售卖想象

财经作家吴晓波曾预言，未来会有三大商业模式创新：圈层社交、私域电商、会员制。微商可谓圈层社交、私域流量、会员制社群这三者的交集。

如果你的朋友圈发布一些生活动态是让人羡慕的，你的圈子是让人想加入的，你的生活是令人非常向往的，那么，你也将是别人乐于结交的人。

如果你的分享是对他们有帮助、有价值的，比如能帮他们致富、提高健康、提升魅力等。那就要以自己为模特展示这些，注意发布的照片质量，尽量给人美感。

微商有时是在售卖生活方式

很多人对于微商都有一定的偏见。聪明的微商经营者不会直接在朋友圈打广告，这种"硬广"发多了，很多朋友都会将你屏蔽。所以，尽量不着痕迹地分享日常生活，将你的产品、服务、特长在不经意间展示，才是一种高明的策略。

什么是美好的生活方式？并没有统一的标准，这取决于你的朋友列表中这些人的需求、渴望和梦想。

微商的载体是社交媒体，经营者和用户之间的互动，是通过媒体实现的，而不是面对面对话，因此，经营者要善于用文案、图片、短视频等形式营造想象空间，让人一看就有互动、购买的欲望。

某餐饮企业，要求店长精心挑选发布在朋友圈的照片。他们总结发现，孩子们用餐时开心的笑脸情绪最饱满，收获的点赞数量也最多。

好的朋友圈文案、图片、短视频会让人眼前一亮，心头一热，为下一次的购买做好铺垫。

国外有所谓"splog"的概念，它是"spamblog"的缩写，也就是垃圾博客。这个概念在微商运营中也有意义，如果你朋友圈的内容只是为了卖东西，那么这就是垃圾朋友圈。同理，只发送自己商品信息的微博是垃圾微博。

所以，一定要用心做内容。如果你是一个卖面膜的，你自己的皮肤都显得很差，怎么可能说服客户去买你的产品？

通过社交媒体做好电子商务的不二法门就是做好自己的内容，让别人对你和你的产品真的产生兴趣，不着痕迹地"种草"。

当你在朋友圈记录着自己的成长、进步、心情以及与自己售卖的产品、服务的融合，其实就是在向你的潜在客户售卖想象。所以，做微商要学会"售卖"生活方式。

创建有主题的内容

无论是在朋友圈还是在其他社交媒体上，内容的很大比例应该是关于某些主题，而不是产品。

假设你在推广的是一款减肥产品。你不应该创建大量关于你正在推广的产品的内容，而是应提供通用的关于减肥主题的、独特的、内容价值较高的"干货"。

不过，你一定要记住，在朋友圈肆无忌惮地推广一个产品，而不发表其他任何内容，一定会毁坏你的声誉，长期来说你只会被大部分微信好友屏蔽。

如果采用恰当的战略，你可以巧妙地植入一些包含你的产品的内容，并且在合适的时候做推广。

假如你做减肥产品，你可以去微信公众号里面发布文章，发布一些关于减肥话题的文章，分享自己的一些经验，注意，标题一定要有吸引力，可以选择嵌入关于美容、护肤等一些爱美女生喜欢的关键词。

品牌故事是一种想象

相对于广告，人们很少会排斥故事。脑神经科学家已经用信息图的形式证实，讲故事是最有效地提高用户参与度和说服用户的方法。

品牌缔造者，不仅要有深刻的理性思维，还要能像剧作家一样思考，向传统的说书艺人借鉴，知道如何构建故事，将品牌的情感内嵌在消费者的脑海。

1981 年的一天，英国演员 Jane Birkin 在坐飞机的时候手袋被碰翻了，包里的东西瞬间散落一地。当时，坐在旁边的男人对她说："我觉得你应该换一个有内袋的包包。"Jane 说："要是爱马仕出了这么一款包，我肯定会买的。"

谁能承想，这位男士就是当时爱马仕的董事长。当被问到这包该长什么样的时候，Jane 就在呕吐物袋子上随手画了一个草图。

后来她同意爱马仕将她的名字印在他们为她特别打造的手提包上。

这就是爱马仕所谓的铂金（Birkin）包的来历。

这是一个典型的都市传说，都市传说的特点就是与时俱进，它的背景、元素都和当前人们的生活场景高度一致。

什么？真实性真的经得起拷问吗？

在你做好梦的时候，你希望别人把你唤醒吗？

你见过几个孩子证明圣诞老公公是假的？

在"铂金包"的品牌故事中，为受众呈现了几个场景元素：时尚女艺人、高端商务客、邂逅、情有独钟……

故事令人神往、遐想，现代女人的白日梦元素都具备了。

真实性、逻辑性都不重要，场景元素才是最重要的，这些元素会在受众那里重新排列组合、发酵，孕育出新的白日梦。

讲故事是进行品牌传播的形式之一。一些聪明的品牌缔造者洞悉了这一玄机，非常善于借助经典故事或都市传说来缔造品牌。

都市传说与品牌意向

到底什么是都市传说？

都市传说是指在都市间被广为流传的故事。如恐怖、诡异、幽默、阴谋等。都市传说通常来说都是假的，但也未必尽然。

都市传说一般起源是真的，但经过传播慢慢走了样。因为每个人的世界观不同，理解能力和表述能力都有很大的差距，在传播过程中不可能像录音机一样不变，有些细节可能是忘记了，有些细节可能是记忆错误，最重要的一条原因是加入了自己的理解和消化，再说给别人听的时候就变成了另一个版本，然后这个故事就离真实越来越远。

都市传说之所以广为流传，究其原因，一来是这些传说中时间、地点的细节及故事来源等信息颇具可靠性，二来是故事内容贴近生活，很能符合本时代民众的阅读口味和审美旨趣。

为什么全世界几乎所有的民族都保留有大洪水的传说？

这种传说的真实性基本无从考据，但也并非空穴来风。它们很可能来自我们的集体无意识。心理学家认为，我们出生前都在母亲的子宫里，被羊水所包围。这种最深层的记忆，很可能是大洪水传说的根源。

大洪水的传说固然无稽，但并不影响它在全球范围的传播。

神话故事、传统传说究其深层本质来说，与都市传说有相通之妙，只是就表现与传播形式而言，更能呈现古老、神秘的形态。

比如大红袍这种茶叶，如果没有一系列的经典故事做支撑，它也只能算是一种普通的茶叶而已。正是有了传统的经典故事，它才显得如此奢侈、神秘。

所以，也有一些品牌依附着传说而创建。比如起源于比利时的歌帝梵（Godiva）巧克力，就是以传说中的歌帝梵（Godiva）夫人的名字命名的。

传说，歌帝梵夫人是爱德华王朝时考文垂市的总督莫西亚伯爵的妻子。当时，莫西亚伯爵正要谋划一场战争，所以急于征收重税。伯爵夫人同情百姓疾苦，多次向丈夫请求免税。伯爵认为，这些贱民不值得同情。于是，决心给她出个难题，说如果她肯裸体骑马绕城一圈，便答应免除税收。第二天，歌帝梵夫人竟真的全身赤裸骑在马上。消息传出，全城民众关门闭户以示尊重，所有街道空无一人，让她可以安然地骑着马从城市的一头走到另一头。最终伯爵信守诺言，果然免除了考文垂的重税。

后来，这幅纪念该事件的油画便成了考文垂的城市名片。

几乎每个传说都经不起真实性的拷问，但这并不妨碍它们的传播。这就像是电视广告中设置的小创意，只有无聊的人才会在这个问题上纠缠。

讲故事比讲道理更能说服人

姜尚堪称行为艺术的先驱。

心怀慈悲的隐士姜子牙先生，在渭水边用一把直钩钓鱼。就算是这样，仍然有虾这种无脑生物不断上钩，还要麻烦老先生把它们放生。

这种貌似愚蠢的行为，像长了脚一样很快被人传开。有一天，他要钓的大鱼上钩了——他就是西伯侯姬昌。

这则故事包含一个隐喻：你的品牌故事，不要做成一把弯钩，试图去欺骗人，而是要做成一把直钩，只用来传达一种意念，把非目标客户屏蔽掉。

把梳子卖给和尚，把冰箱卖给因纽特人是种愚蠢的机灵。你不要试图去抓住所有的客户，你只要抓住真正的客户即可。

品牌总是在讲故事。为什么每个小孩子都想要一双耐克鞋，因为耐克鞋就意味着能赢得一场比赛，就像姚明，你会很棒，你会很成功，你会很有名。

每一种品牌都是一个故事，具有情感价值。人们选择喝某个品牌的啤酒，是因为这个品牌的啤酒对于他们来说有一种特定的意义，而不仅仅是它的味道。

在《MBA教不了的创富课》这本书里，作者讲过两个自己曾经听说的都市传说：

很久以前，我的一个上海朋友到我家暂住。他有一把我觉得挺好玩的维克多维诺斯瑞士军刀。

他告诉我这叫"瑞士军刀"，这还不足以让我记住。但接下来就难忘了，他说有架飞机坠毁了，一乘客拿随身的瑞士军刀在飞机上刻出一个小洞钻了出来。刚出来，飞机就爆炸了。结果就他一人生还。

当时我也傻，那叫一个神往啊。后来，挣了钱就买了一把又一把。到现在都有很多把啦。我第一次认识路易·威登（Louis Vuitton，以下简称LV），也是上海那个傻啦吧唧的朋友。他除了有那把瑞士军刀，还有个LV的小名片夹。告诉我那个名片夹八百多元。我都傻啦，当年八百多元对我来说可是巨款哪！这还不怎样，那家伙又告诉我，知道泰坦尼克吧？当时泰坦尼克沉船后过了 N 多年有人打捞上来一个旅行箱，LV 的，一打开居然里面的衣服是干的，你说这 LV 什么质量！我一听又晕了，多年以后……不说了。这两个小故事当年对我的摧残好大啊，品牌如果只是砸硬广告就太没效率了。

小刀、箱子，都是普通得不能再普通的物品。

但这两个品牌故事有一个根本的诉求，就是"市场细分"。

这不是卖给穷人的小刀，也不是卖给普通人的箱子。因为他们的品牌故事设置，都强调了旅行这个场景。

为什么要强调旅行？因为旅行在过去是一种非常奢侈的行为。只有非常有钱的人才能旅行。你去看 LV 的广告，基本离不开旅行这个主题。

这两则都市传说，设置了夸张离奇的情节，便于人们侃侃而谈。其真正要传达的是"旅行伴侣"这个意念。

品牌故事是一种"元叙述"

先说一个悖论：当你试图仿真时，你已经是在造假。

菲利普·科特勒曾对故事营销下定义——故事营销是通过讲述一个与品牌理念相契合的故事来吸引目标消费者。一旦开始讲述，就难免失真。因为这是人类语言的坦然局限。

毕加索曾言：伟大的艺术家从不抄袭，而是剽窃。

套用这句话，可以说：伟大的品牌从不费尽心机地编故事，而只是天马行空地捏造。

那些让人脑洞大开的品牌故事，简直就是直钩钓鱼！

如果你想写小说，你就会明白，当你越是试图编一个滴水不漏的"真实"故事时，你就越会漏洞百出。你所能做的只是以意驭文，而不是试图撒一个弥天大谎。

有人说：历史只有人名是真的，其他都是假的；小说除了人名是假的，其他都是真的。真作假时假亦真，假作真时真亦假。真与假只是一枚硬币的两面而已。

大师级的小说家，比如卡尔维诺，从不妄图仿真，他们常常会在叙事的高峰时候突然蹦出来，插一句：看官……把读者拉回现实中。现代人把这种叙事手法叫作"超小说"，也叫"元叙述"。

传统小说往往关心的是人物、事件，是作品所叙述的内容；而元小说则更关心作者本人是怎样写这部小说的，小说中往往喜欢声明作者是在虚构作品，喜欢告诉读者作者是在用什么手法虚构作品，更喜欢交代作者创作小说的一切相关过程。

品牌故事其实也是一种"元叙述"，是一种"超故事"，所以故意留下破绽，这样一来，就连智商如段子手的人也懒得和你较真了。

传递品牌意象

1789 年，正值法国大革命期间，雷瑟侯爵患上了肾结石。有一天，他取了一些花园泉水，饮用了一段时间，惊奇地发现自己的病奇迹般痊愈了。1864 年，拿破仑三世及其皇后也对依云镇的矿泉水情有独钟，正式赐其名为依云镇。

这个故事的真实性也经不起推敲，但他所折射的品牌意象却很清晰：依云矿泉水是贵族享受的矿泉水。

就算最离经叛道的文案写手，也不得不承认故事的威力。然而，故事是一味猛药，不能乱用。

很多品牌故事，之所以被我们奉为经典，是因为它们流传甚广，成就了一个品牌。

它们流传甚广，不仅仅是故事讲得好，更是一种文化的折射，这背后的心理学解释叫"集体无意识"。

Zippo 也编过一系列品牌故事，比如越战期间为美国大兵安东尼挡住子弹救其性命。又比如靠 Zippo 的火焰发出求救信号，甚至用打火机可以煮熟一锅粥。这都是突出一个品牌意象：硬汉的随身工具。

让我们看看超级品牌王老吉的品牌意象。

王泽邦（1813-1883），广东鹤山人，乳名阿吉，成年后人称吉叔，或王老吉。

王泽邦出生的时代是距今约 200 年的清朝道光年间，那个时候，人们普遍早婚。王泽邦十五岁的时候，就早早成家立业了。

有一年，广州城疫病蔓延，王泽邦携妻儿上山避疫。

极富戏剧性的是，王泽邦在避难过程中，于山野遇一位方士，这位云游的世外高人告诉泽邦一副药方，可以治疗疫病。

泽邦获得药方后，就积极采购药材，认真炮制。

如你所知，这个药方就是后来的王老吉凉茶的原始配方。

王泽邦依照药方，熬煮药茶，同时将之免费派发给患病的人服用，据说喝后果然药到病除。

此后，王家自是开枝散叶，生意兴隆。王泽邦共有三个儿子，长子贵成、次子贵祥、幼子贵发。1883年王泽邦去世，享寿70，葬于白云山大金钟地区。王老吉临终安排，凉茶业务交由三个儿子管理。

长子贵成一支留在大陆发展，次子贵祥一支去往澳门发展。

王泽邦的三儿子王贵发最富有开拓精神，在1889年，他带着大儿子王恒裕去了香港。

1897年，王恒裕一支于香港文武庙直街（今荷李活道）设店，与广州王老吉分家，并将王老吉"杭线葫芦"

的商标注册成功，成为第一个注册的华商商标。葫芦有"悬壶济世，普救众生"的寓意。

好了，故事讲到这里为止。

王老吉的品牌故事里有一个内核，那就是："巧遇白胡子老人"。

"白胡子老人"是一个带有典型的中国文化色彩的意念。它传达的是一种长寿、智慧、吉祥、否极泰来的意念。

这种故事充斥在中国的民间传说、武侠小说、传奇故事里。比如张良巧遇白胡子老人获得兵书。以至于在昆汀的电影或者日本的格斗游戏里，白胡子老人都是绝世高手。

可以说：故事是表，文化是里。

对于广药集团来说，王泽邦的肖像可能是比红罐包装更有商业价值的一张牌。当广药拿王泽邦肖像注册商标后，遭到了王家后人的一致反对。

造梦者

哈根达斯，听到这个品牌，你恐怕已经不自觉地将它和北欧风情建立了连接。

因为丹麦首都是哥本哈根。但其实这个品牌并不来自欧洲，只是由两个合成的字所组成，它甚至在北欧没有任何分店。哈根达斯这个品牌，是一个美国穷小子在20世纪90年代创立的。或许，安徒生、北欧、哥本哈根这些元素，就是这位创业者的梦想元素。

哈根达斯的品牌现由通用磨坊持有。在美国和加拿大，产品为雀巢旗下品牌。哈根达斯通过独特的营销策略，在中国成为一种高端冰激凌品牌，甚至成为某种生活标志，哪一个小资不知道它的大名呢？甜品＋北欧童话，造了一个梦，谁又忍心破坏这个梦呢？

魔力斯奇那（Moleskine）是一个高端笔记本品牌。这个品牌也是讲故事的高手。

Moleskine，直译过来是"鼹鼠皮"的意思，这本来是一个法国的笔记本品类，人们将这种绑着皮筋的小本子统一称为"鼹鼠皮"。

19 世纪后半叶，鼹鼠皮笔记本诞生在法国的家族经营小作坊里，可能是市场风尚的原因，到了 20 世纪中后期，生产这种笔记本的法国作坊越来越少，到后来全部关门大吉了，手艺濒临失传。

1996 年，来自意大利米兰的一位书商抢注了这个商标，并借尸还魂赋予这个品牌高大上的内涵，让这款笔记本获得新生。商业运作的关键在于其软文中夸张离奇的品牌传说。

你在百度里输入"鼹鼠皮（Moleskine）"，类似这样的文字会充斥整个屏幕——

"Moleskine 笔记本是两个世纪以来文森特·梵高、保罗·毕加索、海明威及布鲁斯·查特文等艺术家及思想家手中的传奇笔记本的继承者。"

其他"除梵高外，美国小说家海明威（Ernest Miller Hemingway）及法国画家马蒂斯（Henri Matisse）亦同样是 Moleskine 的 fans。能够深得多位艺术家的欢心，证明 Moleskine 的确魅力非凡。"

出于对法律的敬畏，我不敢说这是软文。但它无疑有助于该品牌产品的销售。

通过微博、微信、网站、博客、BBS 社群及虚拟资料库等载体，"鼹鼠皮"类似的传说铺天盖地。更绝的是，作为出版商出身的"鼹鼠皮"老板更懂得图书权威性。有一次我去店里买了个钱夹子，店员还向我推荐了一本书名叫《传奇笔记本 MOLESKINE：书写个性人生的 61 则手账活用术》，作者好像是个日本人。

这些名人是不是真的喜欢用这种笔记本不重要，这里只是借用一个传播符号而已，梵高是画家路人皆知，尽管读者未必知道梵高的画好在哪儿。谁不知道海明威是作家，尽管很多人未必读过他的作品。

其实，海明威、梵高在创作的盛年都生活拮据，假如他们真的买过"鼹鼠皮"的本子，原因肯定不是因为昂贵，只是比较好用。但众所周知，现在的"鼹鼠皮"采用的是无酸纸，用钢笔写字洇啊。而且，这种笔记本采用的是超高定价策略，价格是同类笔记本的十倍。

尽管这很扯，却是高明的营销策略。人们需要一个梦，在使用笔记本的时候，行文和文艺大师一样，才思如泉涌。

与鼹鼠皮类似的故事也发生在奢侈品牌万宝龙身上。

1992 年，万宝龙推出了一款命名为"海明威"的钢笔，很快受到钢笔爱好者的追捧。最荒诞的是，欧内斯特·海明威生前从不用钢笔，他只习惯于用铅笔刀刨的铅笔写作。

然而，这款钢笔取得了极大的市场成功。如今，你要买一支"海明威"钢笔，就算特价的也至少要万元以上。

自来水是一种非常廉价的日用品，Glaceau 公司的 Smart Water 品牌维生素水则是一种高利润的名牌产品，每瓶 34 盎司，售价接近 2 美元。

这个牌子的水有一个非常特别的标语：它知道所有答案！Smart Water 这个名字听起来就像是来自法国阿尔卑斯山的益智魔法万能药，所以它可以卖得比同等体积的自来水贵 1000 倍。

实际上，Glaceau 公司只是一家韩国公司，Smart Water 只不过是自来水经过简单处理后，再加了些电解质。

但乔布斯很喜欢这个水，很可能因为它的瓶子的设计理念与乔布斯的美学标准契合。乔布斯平时就在苹果食堂吃饭，食堂里永远有新鲜的寿司和 Smart Water。

后来，可口可乐公司以 41 亿美元收购 Glaceau 公司，Smart Water 在广告中就开始与近乎裸体的珍妮弗·安妮斯顿为伴了。

于是，这种装在漂亮瓶子里的加了石灰石和海水的日用品自来水，配上安妮斯顿的美貌和名气，成就了一个利益丰厚的品牌。从品牌故事的技法上来讲，这只是一种取"其意而忘其形"的超故事手法。

圈层社交决定你的潜在客户

关于社交媒体所带来的私域流量，一个很重要的环节是"圈层社交"。圈层可以是基于兴趣、文化、游戏、运动等各个方面，也可以基于年龄、性别等范围。

但总体来说，人是向往高处的。很多人奋斗的动力也正是期望跻身更高的圈层。你可以说这是一种虚荣心。但尼采说过，只有当别人的虚荣心和我们的虚荣心相反时，才会令我们反感。或许，虚荣心人人都有，虚荣心是一种虚荣心对另一种虚荣心的蔑称。哪个男人不想做高富帅，哪个女人不想做白富美？即使做不到，心向往之又有什么不好？

1899 年，美国经济学家凡勃伦在《有闲阶级论》中提到，人们花大价钱购买华而不实的商品以显示自己的社会地位，他把这种现象称作炫耀性消费。100 多年后，炫耀性消费依然是一些当代资本主义国家的奇特世相。

行为经济学是近些年走进大众视野的一门学问。但也有学者认为，正是凡勃伦（Veblen，1857–1929）等经济学先驱的贡献，才为现代行为经济学的创立铺平了道路。

由于凡勃伦对炫耀性消费的研究，还诞生了一个名词——凡勃伦商品。也就是价格上升，需求却不降反升的商品。

美国主流的社交媒体上正在流传着一篇爆款文章，名叫《炫耀消费已死，低调消费当立》，作者为南加州大学公共政策教授伊丽莎白·霍尔基特。

该文主要是说，炫耀性消费过时了，现在上层阶级追逐的都是无形的东西。该文承认，炫耀性消费仍然是资本主义社会的重要部分，但奢侈品的门槛已经大大降低，大众也买得起名牌。精英更看重知识和文化资本，把钱花在服务、保险和教育等领域。美国的精英阶层们已经不用奢侈品炫富了，他们有了更高级的方式。

为什么说这种炫耀性消费在美国社会趋于终结了呢?

一切要归咎于工业化大规模量产，使得原本一件难求的奢侈品成了轻易可以获得的大路货。

这些奢侈品品牌商，通过把生产外包给中国，大批量生产出了所谓的奢侈品。这导致奢侈品随处可见。

如今，美国的精英阶层已经停止了普通中产也渐次加入的炫耀性消费行为，转而通过"文化资本"投入，在自己以及下一代周围构筑起一道无形之墙，以实现阶层的区隔。

2007年，进入美国社会前1%精英阶层的门槛是年收入约38万美元。而现在，需要年收入约60万美元方可晋身这个阶层。

于是，美国的精英阶层又想起新办法与大众做区隔。

比如把孩子送进私立学校。美国的私立小学的平均学费大约是一年一万美元，私立中学一年一万五千美元。这个价格可比奢侈品包包贵多了。这种教育投资当然不是炫耀性消费，但它是无形的，也是昂贵的、需要长期买单的消费。就算你愿意花钱为这种教育买单，也会感受到咄咄逼人的压力，有些学校甚至会将面试家长作为小孩入学的前提。

数据显示，十年间，精英阶层的消费习惯发生了显著的变化，他们花费在物质上的钱明显减少，普通中产阶级保持稳定。

统计显示，在美国的精英阶层教育开销占家庭年收入的6%，普通中产阶层教育开销占家庭年收入的1%。自1996年起，前1%精英家庭的教育开销增加了3.5倍，而普通中产没有变化。精英阶层比普通人有钱、有资源，而且更舍得在教育上投资！

精英阶层减少炫耀消费后，把钱都花去哪儿了？花在那些你看不见的地方，比方说教育、更安全的食品等等。美国精英阶级会通过比较低调的消费，比如订阅《经济学人》杂志、母乳哺养、定期健身或者购买放养鸡蛋，这种鸡可以在广阔的牧场上自由活动，比普通的散养高出一级。炫耀性消费以炫耀为目的，低调消费却能给子女提供更好的生活质量和社会流动性，把地位和特权一代代复制下去。

通过这种教育仪式，历练而成个人的优势，美国精英阶层们的地位得以巩固，从而封闭了其他阶层的上升通道。

这种阶层区隔非常微妙，两个人的穿着可能不相上下，甚至普通中产还会略高一筹，然而一开口说话，就会暴露自己的品位、背景，阶层区隔的尴尬就会随之而来。

普通人与精英，相差的不只是一个包、一辆车，甚至一套房的距离。精英阶层无论怎样刻意低调，事实上的阶层壁垒已经形成。

因此，某种程度上讲，做微商就是混圈层。你的潜在客户所处的圈层，决定了你所经营的内容的基调。

07

第 7 章

其他

销售裂变

当你在社交媒体上辛苦运营，最终构建了一个受众群，你还要分析他们，在你自己的节奏上用好你的销售策略。和所有的生意一样，你必须要站出来，让大家清楚他们应该从你这里购买。

友列、达人、意见领袖

你不可能独自做好社交媒体。你需要与客户和粉丝互动，才能实现引爆。社交媒体是一个实现人与人链接的无价工具。具体来说，社交媒体提供了一个可以用病毒的方式传播内容的场所。我们与他人实现链接的，乃是信息！

你需要留意三个概念：友列、达人、意见领袖。

1. 友列

"友列"是好友列表的简称。研究一下你的好友列表，你的微信或 QQ 上好友列表的大部分人，其实你并不熟悉，甚至想不起怎么加的了，是吧？换句话说，我们并不是在挑选朋友本身，你们只是建立了一种模糊的、不确定的联系。在你的好友列表里，这些联系人只是可以更便捷地获得你的信息。

要花很长时间才能构建一个扎实的友列。当我们说"友列"的时候，我们指的是你已经加为好友或者互粉的朋友。

每个主要的社交媒体都有一种方式可以显示你和谁是有联系的，而这就是你的"友列"。也就说在不同的网络上你会有几个不同的"友列"。

你的优质内容，是激活沉睡"友列"的唯一方式。而你要积极地和他们交流，才能更进一步了解他们。

2. 达人

你要特别留意达人。所谓达人，其含义是在某一领域积累知识的人，近似于高手、专家。一种商品的引爆，离不开达人们的推荐。

3. 意见领袖

意见领袖是坐拥大量"粉丝"的网红、大咖：如果人们对传来的信息并不相信，意见领袖就有能力说服大家。

不过，从理论上来说，一个人只要有十几个粉丝，而他发的所有内容就有病毒性传播的可能，他也可能是一个有高度价值的意见领袖。然而，这毕竟是一种小概率事件，不过理论上是可能的。有些人在社交媒体上坐拥几百万粉丝，不过都是"僵尸粉"，这些人的影响力是有欺骗性的。最终，这不是一个数字游戏，而是质量游戏。

在你联络意见领袖之前，必须要知道这个过程只有在你已经建立了足够多的粉丝的情况下才能够成功。

初试啼声，你要在社交媒体上发布一次正面的、有影响力的内容，让你的脚能够跨入这个门槛。你第一次发表的内容，如果能引起其他意见领袖的注意。即使是在社交媒体的顶尖人群中，每个人还是想与强者为伍的。第一次的内容，犹如第一印象，是你获得其他人好感的重要方式，所以你在内容上的投入大一点，可以起到事半功倍的效果。

但是，请不要跑偏，这个过程的目标不完全是"通过有影响力的人，产生更大的影响"，当然这是目标之一。你的根基仍是立足自我，创造出优秀的内容，提升你自己的个人形象，并且建立你自己的受众群，使得自己不再是社交媒体上的一个无名小卒。当你有了一个坚实的粉丝群，或者你逐步构建了粉丝群，你的目标人数也快要达成了，你开始变成一个小有影响力的"中小 V"，你做圈层营销也会显得非常从容、自然、毫不费力。

在你持续做这些事情的过程中，你也会慢慢成为一个拥有大量粉丝的意见领袖。要花很长时间才会成为强力的意见领袖，不过这个努力是值得的。

内容引爆的秘密公式

内容引爆的秘密公式真的是一个公式。你可以把它想象成一条装配线：病毒性的创意被产生，深挖创意并写成文章（或者制作成短视频），植入软性广告，然后它们被发表到社交媒体上。下一步，社交平台上的网红推荐这些内容，被更多的用户看到，形成二次传播。本节重点讲述如何找到意见领袖发布或者链接你的病毒性内容。

结合"好友列表、意见领袖、达人"来看，只要你预算充足，流量并非特别难的事情，这一点很容易理解。

有了流量，有了大V的转发还不够，你的内容也要有趣、有料、有益，这是引爆二次转发和评论的根本。从搜索优化的角度而言，一篇好的文章，可以让你到达搜索引擎搜索结果的首位，节省大量的"按点击付费"广告支出。不过，如果没有高质量、相关的链接，你是无法赢得排名需要的信任、权威和重要性的，而你的优化努力会失败。

由此可见，通过社交媒体实现销售引爆，是一套组合拳，运用得好，花很少的钱就可以启动一个品牌的流行。

从传播学上来讲，你的内容能够具备以上这几个要素，基本上就离成功不远了。

此外，还有一种人是你需要接触的，而且他们能够提供很多帮助，比如关键意见领袖（KOL），或者说是有影响力的人。新媒体营销领域，他们还有一种称呼叫作"链接者"。这些"链接者"是社交网络中的枢纽，他们能够影响大量的受众，并且决定一些内容的病毒性。如果你经常刷微博、微信公众号或者抖音，那么你应当已经知道谁是意见领袖：那些短视频被疯传的人、有巨大微博粉丝量并且转发量很多的人，都是意见领袖。

如果你还不是一个意见领袖，你就是默默无名的，你提交的内容质量再好，被大众看到的可能性也是很低的。

而在另外一个极端，几乎意见领袖的任何内容都会点石成金，哪怕他说今天午饭吃的是什么，也会引来一群"铁粉"的争相回应。

所以，被某个意见领袖推荐的大部分内容，会毫不奇怪地出现在网站的首页。

如果这些人可以给你的内容点赞、评论甚至转发，那么你就能获得大量关注。微信的视频号、知乎等社交媒体，"点赞即转发"，他们点赞了你的内容，就能被他们的粉丝看到。

所以，你要让尽量多的意见领袖，在尽量多的场合，以尽量高的频率，为你的内容点赞、转发或评论。这样不仅会产生更多的曝光率，还会提升在社交媒体上追随你的粉丝数，并提升你的转化率。

你一方面要创造出尽量好的内容，另一方面要想办法让意见领袖对内容感兴趣，否则，即使是好的内容，也难以在社交媒体上传播很远。

所以，仅仅把某个环节做好是不够的。实现销售裂变，需要一系列工作都做到位。比如，你需要把你的品牌软性地植入到内容中，发表到社交媒体平台上，例如微博、知乎，还要请这些社交媒体平台中的网红账号来推荐这个内容。

没有什么比当面的沟通更加能巩固与网红大咖们的关系了，参加行业会议并且和那些意见领袖们见面、聚会。当然，如果你无法直接接触到他们，那么迂回战略，比如和他们的朋友先建立联系，然后再成为他们的朋友。

现在，你很容易做的一件能够获得产品积极评价的事，就是提供赠品，换取客户的评价。赠品是免费的，而从人性的角度讲，使用者至少不会给出恶评。

即如果你卖的是产品或者服务，并且希望能够从意见领袖那里获得评论，你应当考虑安排一些赠品，这对产品评价一般是有帮助的。

提供给你的目标意见领袖们，不要忘了请所有获得赠品的人发布评论和在社交媒体上提到你。

借力网红，亲自互动

有一个知名的电子商务零售商，想要为一个内容营销活动发掘足够量的潜在客户。这家公司销售的是独立设计师的休闲装品牌，很多都是明星和时装杂志上曾经出现过的。这家公司昔日已经很成功，传统的营销方式，比如平面广告条等能够产生的效果已经触及天花板。而同时，传统媒体的影响力在不断减小，消费者越来越多地依赖社交媒体来寻找信息和可靠的推荐。

这家公司决定在社交媒体营销上放手一搏，理由在于：

·消费者越来越多地通过智能手机获取信息和购物。

·社交媒体的内容营销形式更容易建立品牌可信度和忠诚度。人们会选择他们想要跟随的品牌，并相信他们选择的那些品牌。

·昔日品牌的权威形象，能够为公司的新媒体账号引流，通过新媒体可以再次强化行业权威形象，焕发品牌新生机。

·通过社交媒体的品牌宣传，可以对抗传统媒体的衰落。同时，社交媒体意见领袖带货的功能，可以作为一种销售渠道。

这家服装公司最早的社交媒体战略，是为了给有影响力的博客主和独立的媒体提供高质量的内容，让这些网红大咖代为转发。

不过，公司很快认识到，这其实是一种传统的营销和公共关系思路，公司应该建立自己的社交媒体账号。目前，这家公司通过社交媒体的运营，已经成为行业"大V"，占据了行业的时尚前沿地位。

在和互联网意见领袖搞好关系的同时，你也要力争成为一个社交媒体的大V，至少也应该是"中小V"，这样更利于和他们搞好关系。

如果你已经建立了社交媒体的形象，理解了营销策略，而且有了一定规模的粉丝和受众，那么你也就奠定了坚实的社交媒体基础，就更容易获得大 V 们的注意。

同时，你的社交媒体形象，也会影响到你的成交转化率。如果没有一群好友、跟随者和粉丝，是很难快速获得临界质量的潜在客户的。

如果你刚做微商，想通过社交媒体引流，你的感觉可能很像是在一座高山的脚下，而且没有任何的向导或者工具。

互惠互利是人际交往的根本，如果你想要爬这座山，就必须要在山脚下的大本营里成为一个有贡献的人。你必须要和有经验的向导和经验丰富的登山者成为好朋友，你必须要把"社交"这个词分解成"社会化"和"交流"，你自己需要做到"社会化"，并且与那些在阶层上比你高的人搞"交流"。

有影响力的大 V 是那些在社交媒体上和专业上都投入了很多时间的人。如果你是一个成功的微商，那么你可能没有时间让自己成为大 V；不过，你成为一名"中小 V"是一件很容易实现的事情。你应当花时间和某一个有影响力的大 V 搞好关系。人与人的良性关系，是建立在互惠互利的基础上的，你要保证你所提供的东西是有价值的，而有影响力的大 V 也是有价值的，你所要做的是求同存异，让大家找到共同点。

树立自己的社交媒体形象

社交媒体是一个对外联系很好的平台，不过，要树立起专业的形象，需要做很多工作。绝大部分中国人都使用微信，微信自带朋友圈功能，所以，不论你愿不愿意，你其实已经在使用社交媒体了。即使你不做微商，你也有自己的社交媒体形象了。所以，你必须刻意地树立起自己的社交媒体形象，才能更好地做微商。

只有当你成为朋友圈里某一个细分行业的意见领袖时，业务才会主动找上你。比如，你是教育工作者，你就应该定期展示教育的前沿动态；如果你为服装生意做外联，那么就可以建立你的时尚形象并和社交媒体上行业内的意见领袖建立联系。

在很多朋友圈里，你可以试着发一下有价值的内容，记录并逐步提升自己的素养。

可能，一开始你只是无名小卒，但你要相信，在某个细分领域，你也可以成为一个名人。你首先需要做的就是建立自己在社交媒体中的形象，之后逐渐努力成为名人。在开始外联之前，你必须要建立一定的地位。你的粉丝越多，收到回复的比例就越高。

没有什么比创建有价值的内容更能够树立你的达人形象了。扎实的内容是社交媒体营销战略中的关键点。没有什么比持续提供有价值的内容更能说明你是"专家"的了，内容的形式包括微博、微信订阅号、博客、百家号等。创建高质量的内容，然后通过社交媒体来做分享，是一定能够给你带来粉丝和潜在客户、建立起你的声誉的；并且从长远来看，最终可以转化为利润。

社交媒体的世界是一个典型的长尾市场，这里没有几个能跨领域通吃的意见领袖，只是有数量巨大的信息出口。社交媒体中受众人群很大的圈还是占少数，更多的则是有数量不多，却高度忠诚的跟随者。

即使你是一家公司账户，也要尽力将自己的账户"人格化"。因为这个世界其实是基于社交关系的，所以一个公司不可能发送一条内容让所有人都满意。你需要培养与意见领袖的关系，逐渐建立信任关系，并且创建对于每一个机会都是量身定做的内容。

公司一开始采用的策略是凭着感觉走：想出关于内容的一个想法，搜索找出一个看起来不错的大咖，在网站上找到联系方式，把想法告诉他们，然后看是否能建立合作。但这种合作往往需要花费一笔预算，所以这种方式只是一种权宜之计，可能一开始是可行的，但这种模式的成本是高昂的。公司投入越来越多的财力和人力，成本上升了，而并没有看到对应的结果。

随着时间的推移，公司都要回过头去复盘，主导权是停留在公司这里还是在意见领袖那里？

社交媒体的营销活动，必须要聚拢一定规模的潜在客户才能成功。

不过，当公司规模化运作超过一二十个项目之后，公司自己的账户粉丝应该也会到达一定规模。当消费者和意见领袖到处都能看到你的账户名字出现时，再请大咖来相助，会取得事半功倍的效果。

08

第 8 章

做微商，一定要
懂互惠

当一个陌生人向你发出一个微笑，你会有什么反应。看到别人笑时，镜像神经元会驱使你不由自主地微笑起来。即使对方是一个完全陌生的人，如果他向我们表示友善，我们也会自觉地产生回馈的义务，这就是我们的互惠本能。做微商，本来就是要面对更广大的陌生人脉，所以，做微商一定要懂互惠原理。

普遍存在的互惠原理

美国一位心理学教授，做过这样一个实验：

他和他的同事们，在街头随机挑选出一群素不相识的路人，问他们要了通讯方式，然后给他们分别寄去圣诞卡。

虽然这位教授在圣诞卡上都留下了回信地址，但并没有期望会有几个人回信给他，更没有提起希望收到回信的要求。

但结果让他大为感动，那些素昧平生的路人，在收到他的圣诞卡后，绝大部分都回赠了圣诞卡给他。

甚至，给他回寄贺卡的大部分人都没有想过要问这位教授到底是什么人。在这些人收到了一张贺卡的时候，就自动自发地回寄了一张。

在世界各国的文化里，感恩都是一种美德。

江湖人士喜欢拜关二哥，因为关羽是"义气"的化身。江湖，是一个法律意识淡漠的世界。这里的社会规则，仍然是原始的互惠机制。所谓"义气"，不过是互惠的代名词。曹操曾经款待过关羽，所以关羽就应该在华容道私放曹操。江湖义气就是情大于法，受人滴水之恩，当以涌泉相报。

唐朝的时候，周边小国喜欢来长安进贡。当然，投桃报李，唐朝皇帝经常会赏赐给进贡者更多的礼物。同时，唐朝还规定，贡品过关免收关税，连同贡品一起运过来的商品关税减半。受利益驱动，当时一些胡商竟胆敢假冒自己是使节，来唐朝行骗。

"互惠原理"不仅对陌生人，甚至对敌人也会产生作用。西奥蒂尼教授在《影响力》一书中引用了这样一个历史事件。

第一次世界大战中，德军司令部派了特种兵去抓俘虏回来审讯。

当时打的是阵地战，大队人马要想穿过两军对垒前沿的无人区，是十分困难的。但是一个士兵悄悄爬过去，溜进敌人的战壕，相对来说就比较容易了。参战双方都有这方面的特种兵，经常派去抓一个敌军的士兵，带回来审讯。

有一个德军特种兵以前曾多次成功地完成这样的任务，这次他又出发了。他很熟练地穿过两军之间的地域，出人意料地出现在敌军战壕中。

一个落单的士兵正在吃东西，毫无戒备，面对天降奇兵，他吓傻了。

他出于本能，把一块面包递给对面突然出现的敌人。这个动作愚蠢而又好笑，然而，他这也许是他一生中做得最正确的一件事了。

面前的这个德国特种兵被这个举动打动了，并导致了他奇特的行为——他没有俘虏这个敌军士兵回去，而是自己回去了。

互惠是达成销售的利器

互惠的本能会驱使顾客做一些不太必要的购买决定。

我们经常会看到超市、商场的免费试吃（试用）活动。超市的一般做法就是，将少量的有关商品提供给潜在的顾客，并且还说明这样做的目的是让他们试一下看自己到底喜不喜欢这个商品。从制造商的角度来说，让公众检验他们的商品质量当然是一个很合理的愿望。

很多人在接过那个满面笑容的工作人员所递过来的免费品尝食品后，互惠原理已经开始起作用了，即使这次不买，下次还是会优先照顾这家的生意。

有些保险公司，会邀请你去五星级酒店免费吃饭；

某些公司为潜在的客户在谈判前提供高尔夫球友谊赛；

某些企业在接待客户考察时会将客户带到当地的风景名胜区观光；

　　某些供货商在为厂商供货时，额外送一些标准附件。

　　他们做的这一切都是免费的，并不对你提什么要求。但是，很久之后，你依然会记得他们的款待，在适当的时机，你会主动偿还的。

　　20世纪70年代，康奈尔大学的行为学教授丹尼斯·里根（Dennis Regan），做过一个经典实验。

　　有两个人被邀请参加一次艺术鉴赏评分活动，在参与的两个人中，有一个是教授的助手乔假扮的。在评分的休息时间，乔出去了一会儿。

　　过了一会儿，乔带回了两瓶可乐，其中一瓶送给被测试的对象，一瓶给自己。

　　第二天，里根教授又邀请了另一位被测试者。这次情况有所不同，乔在活动中间没有赠予同行的被测试者任何东西。

　　在艺术品评分结束后，乔和被测试者聊天，称自己是在为学校销售彩票，每张0.25美元，如果他卖掉的彩票最多，就可以得到一笔奖金。

　　乔又问被测试者是否愿意买一些，多少都可以。

　　调查结果是，两名被测试者都买了彩票，但中途获赠

可乐的被测试者，购买彩票的数量，是没有获赠可乐的人
的两倍还多。

乔在销售彩票时并没有提到可乐，但是"互惠原理"
已经在对方的头脑中产生了作用，他甘愿买下并不需要、
甚至根本没用的商品。

安利，霸道的温柔

你收到了一瓶厂家赠送的蜂蜜样品，你认为它的味道
一般般。但你对它的好感却已经悄然上升，因为你还是感
觉占了便宜。

这是人普遍存在的一种情感特征。

商家经常先付出一些试用品，让客户心理上产生一种
负债感，从而可以增加客户购买产品的可能性。这种销售
策略就被称为"人质策略"，即软性地将客户从心理情感
上套牢，然后再对其进行产品的具体推销。

"互惠原理"帮助人类进化成今天的样子，但也很容
易被市恩贾义之徒所利用，对人们进行"情感绑架"。

商家有意无意利用这点，也无可厚非。但是，当你下
次准备接受赠品，试吃、试用人家的商品之前，请务必慎

重。正所谓"吃了人家的嘴软，拿了人家的手短"，这些试用品一定会触及你内心的柔软部分。

2010 年，密歇根大学市场营销学教授斯考特·瑞克（Scott Rick）做了一个实验。他让被试者想象自己用 50 美元买了一杯水，通过核磁共振成像仪显示，吝啬的被试者比挥霍的被试者会感到更多痛苦。接着，瑞克教授让他们想象买这水是送给别人的礼物。戏剧化的一幕出现了：吝啬者的痛苦则减小到了跟挥霍者差不多的水平，而挥霍者几乎没有变化。

也许，在吝啬者看来，自己喝掉这 50 美元的水，意味着真正的挥霍，但把这水作为礼物送出后，则意味着一种投资，还有回报的希望。这就好比商家大量派送免费试用品，貌似亏本，却大多能够"失之东隅，收之桑榆"。

安利，众所周知的直销公司。这家公司探索出了一种绝杀客户的推销绝活，就是"霸道的温柔"——安利通过免费试用策略，来启动顾客的互惠本能。

安利把销售员盛放试用品的特制箱子命名为"霸格"。安利的"霸格"，是由很多安利的商品组成，像沐浴露、洗盘子的清洁剂、洗头水、喷雾式除臭剂、杀虫剂、玻璃清洁液等等。

销售员们拎着这个箱子彬彬有礼地来到顾客的家里。

安利公司的培训师这样指导推销员：把"霸格"留在顾客家里 24、48 或 72 个小时，且不要收取任何费用，也可以不买任何产品，你只是告诉她你想让她试用这些商品……

谁会拒绝这个提议？没有人。

几天后，安利的推销员重新拜访这个客户。

由于用了人家的产品，在互惠心理的驱动下，试用者或多或少会买下一些产品。甚至那些暂时不考虑买的试用者，也会在和别人谈及安利产品的质量时说："我试过，安利的产品质量还不错。"当她在夸安利的质量时，互惠原理有没有起作用呢？想想中国那句古语吧："吃人家的嘴软，拿人家的手短。"

没有哪个试用者能在几天内用完一整瓶"霸格"中的任何一种商品，安利的销售员就会把"霸格"中剩下的试用品拿给下一家或街对面的另一个潜在顾客，重新开始这个过程。

安利公司的很多推销员都同时有好几个"霸格"在他们的销售区域内循环使用。

这种"霸道的温柔"策略一推出，就取得了立竿见影的效果。美国某个州的销售部给出这样的反馈："简直令人匪夷所思！我们从来没有看到过这种疯狂的局面。产品销售的速度快得惊人，而我们才刚刚起步……本地的销售人员一开始使用'霸格'，销售量就有了惊人的增长。"

有些培训机构，为了吸引到客户，往往会在网上发布信息，诸如免费试听专家讲课、免费对学习方法进行咨询等。这些看似不起眼的小广告，其实就隐藏着类似的玄机。其中，以一对一的咨询最为明显。

首先，咨询师往往以聊天的形式入题，帮你解答疑惑。然后会好心地为你的未来做规划。他们会告诉你，如果你具有了某种技能（该培训机构的培训科目），就好像是为以后的发展安装了一架助推器等等。

而且，临近咨询结束，往往还会完全免费地赠送一套学习资料。

因此，当咨询师最后将报名表放在你面前时，只要经济条件允许，相信有很大的可能，下次你就要来上课了。但是，事后仔细想想，之所以参加了这个培训班，在很大程度上是为了"还那位咨询师的人情"。

在这种情况下，咨询师就是很好地掌控了客户的这种心理。因此，在咨询的大部分时间里，咨询师貌似很少提到"培训报名"这回事，而是"设身处地"为客户的将来做打算。最后还奉上"礼物"。

因此，这时在客户的思想中就产生了一种受人恩惠的想法，从而下意识地认为自己有责任对其进行回报。所以，在最后填报名表时，即使参加这种培训对他本是一件可有可无的事，也由于这种回报心理，很可能就答应了。

换句话讲：在这时，前来参加咨询的人就充当了一把"人质"的角色。

同理，在产品销售时也一样。利用人们的这种受人恩惠或帮助就会不自觉地想要回报的想法，销售人员可以预先做出适量的付出，在客户的心理上造成一定的压力。然后，这之后的产品推销中，销售人员就站在了更有利的地位，这样便能有效提高成功推销的可能性。

便宜的礼品，也能收到神奇的效果

由于"互惠原理"作用强大，很轻的礼物也可能换来回报。

很多内科医生在给你开处方的时候，用的都是医药代表送给他的签字笔。那些看上去很廉价的笔上印有制药公司的商标。很多医生对此嗤之以鼻——谁可能会被一支笔，一个手提袋收买呢？

所以，如果有人用这些便宜货作为交换条件，来收买医生，肯定是打错了算盘。但是，如果这些便宜的小玩意儿是完全无条件的赠品，它们就会发生奇妙的作用。

国外研究者还做过这样一个实验，他们以制药公司的名义，给一些医生寄过去一张调查问卷，作为报酬，在信封里还附送了 100 美元的支票。绝大多数医生看到这些信后，把问卷和支票一起撕掉丢进了垃圾箱。

后来，研究者改变了方法，同样向一些医生寄送问卷，不过在信封里附送了一张五美元的现钞。这些医生中的大部分，都填写了问卷。因为，这些具备一定道德感的医生，不大可能将五美元现钞撕掉，在半推半就之间，他们已经接受了这笔算不上贿赂的实惠。比起 100 美元，5 美元并不多，却发挥了比 100 美元更大的作用。

所以，有时候，你吃什么药，并不完全取决于医生，还取决于医药代表。

09

第 09 章

免费与
低价策略

交换，其实最早是一种互惠关系。

据经济学家哈耶克考证，最早的人类交换，是朋友之间才会发生的一种互惠行为。不懂互惠，就无法达成合作。人类之所以能够成为人类，是因为我们的祖先学会了分享、偿还，这帮助原始人在险恶的生存环境里生存下来。

基于社交媒体口碑营销的微商也一样，如果商家给予顾客的商品，超出顾客的预期，那么顾客下次还会想起你，甚至把自己的购物体验，分享给最亲近的人。这其实也是一种互惠——我多给你点好处，你帮我做点广告。

免费的，才是最贵的

一些早教中心都会不定期地举行试听课，让家长带孩子前来试听。这种方法是很多早教中心、培训机构惯用的招揽手段，目的很明显，让家长和孩子感受讲课内容，了解学校的软硬实力。因此很多精明的家长其实都知道这些套路，这周到这家听，下周去那家听，就只是免费地走上一圈。

大家都免费，那么免费课就无法让消费者产生足够的内疚感而去付费。

免费的东西可以吸引很多人的注意。腾讯 QQ、淘宝店铺等平台都是靠免费模式崛起的。

如果你已经通过低成本的、创新的社交媒体活动节省了不少推广费用，可以考虑把市场预算的一部分投入到赠品上。

免费是一种病毒性很强的新媒体营销策略。在社交媒体看到免费东西的人，可以没有心理负担地向其朋友推荐。反正是免费的，不会有什么风险。

免费策略营销是快速增粉的网络营销策略，这是因为，在社交媒体上，很多人点赞、转发的原因往往是想要特别的优惠和折扣。一百多年前，有位商人经营灯油，刚开始没有市场，但他通过一个"免费赠送灯"的策略迅速占领市场，然后向这些用户去销售灯油，在极短的时间内轻松占领了当地的灯油市场。做微商也一样，你也可以通过赠品的方式快速圈粉。

你一定要注意，被你的奖品吸引的人应该是你的目标客户群中的一部分。

你可以把产品的一部分预留给在社交媒体的推广活动上。这其实也是为你的品牌造势的一个非常棒的方式，最重要的是，它可以为你带来新的追随者和粉丝。

你不一定非要把自己的产品作为赠品。实际上，送出一些比较贵的和很难获得的产品可能是成本效益比较好的方法，能够吸引一些选择性加入的和销售的流量。例如，如果你是一个牙齿矫正医生，你可以购买5部最新版的iPhone，并把它们以抽奖的形式，送给来你诊所做免费咨询的人。

假如你是一名作者，你也可以用这种形式推广你的新书，你可以提供一个奖品，抽送给在豆瓣留言的读者。

如果你是一名有实体店的微商，可以设计一个到店抽奖的互动游戏。你需要做的是找出你的目标客户，想到一个有价值的奖品，以一种有趣的形式，附以一种有仪式感的过程将你的目标客户的注意力吸引过来。

如果你的赠品活动策划得足够有创意，你的推广活动就很有可能引爆，带来病毒式的营销推广效应。

低价是一种战略

低价从来都是一种战略，拼多多能够崛起，靠的就是一个词：便宜。沃尔玛能成为今天的规模，得益于其创始人制定的"天天低价"战略。

市面上的打印机，一般都卖得非常便宜。比如单功能的 HP 喷墨打印机，价格还不到 300 元。

所谓喷墨打印机就是使用墨盒加墨水的打印机。若是代理商靠的是销售量，厂家还要给返点。而打印机一台才卖几百元钱，那么厂家怎么赚钱呢？

厂家盈利的关键是靠后续的耗材，顾名思义，耗材是消耗品，是长期要使用的，原装墨盒一个就要一百多，而一个墨盒只能打印 200 张左右，这样算起来打印量大的话消耗墨盒的速度十分惊人。

正所谓"失之东隅，收之桑榆"，厂家不靠机器赚钱，却可以靠廉价机器使用的耗材赚钱。用一个经济学的词汇来表达，这叫"路径依赖"，类似于物理学中的惯性。

美国的经济学家道格拉斯·诺思是提出路径依赖的第一人，也正是因为他用路径依赖理论成功地阐释了经济制度的演进，才获得了 1993 年的诺贝尔经济学奖。

所谓路径依赖，是指人类社会中的技术演进或制度变迁均有类似于物理学中的惯性，即一旦进入某一路径（无论是"好"还是"坏"）就可能对这种路径产生依赖。

路径依赖理论被总结出来之后，人们把它广泛应用在选择和习惯的各个方面。商家也很善于利用消费者的路径依赖心理，"放长线钓大鱼"。

路径依赖在营销学中也叫作"锁定效应"。

有的企业能够代代相传，而有的却日渐式微，很重要的一个原因就在于产品的"锁定效应"。比如吉列剃须刀的成功，很大程度上是利用了"锁定效应"。

在超市可以买到一种基本款的吉列双层剃须刀，一枚刀架、一枚刀片、一瓶剃须泡沫，总共才 14 元，几乎没有什么利润。

等到你需要更换刀片的时候，却发现这种双层刀片只有三枚一盒、或五枚一盒装的。其中三枚一盒装的价格是12.5 元。

可见，吉列剃须刀的刀架与刀片，具有强大的"锁定效应"。吉列赚取的正是刀片这种耗材的利润。

换一个更贴近自身感受的角度分析这个战略。试问，你对自己现在的职业感到满意吗？如果不满意，你会改变职业吗？

然而，多数情况下，一个人即使对自己的职业不满意，也不会轻易转行。

有人总结了两方面的原因：

第一，如果重新做出选择，就会丧失原来的经验、人脉、地位，甚至大伤元气，从此一蹶不振。

第二，我们已经习惯了某种工作状态和职业环境，并且产生了一种依赖性。

这就是我们的惯性和依赖性导致的结果。

打折与返券，哪个更优惠？

你走进一家咖啡店，里面对同一杯咖啡提供两种优惠方案：

A. 是加量 33% 不加价；

B. 是原价降价 33%。

对于你来说，哪种更优惠呢？

一项调查显示，很多人会想当然地认为："它们差不多一样！"

实际上，33% 的降价相当于加量 50%。

但是，很多消费者会感觉免费得到更多的东西比"得到同样的东西、花钱更少"感觉好点。

实际上，A 选项相当于返券，B 选项相当于打折。而且，很多人的返券难以全部派上用场。比如你拿一张 50 元的返券，很难购买到恰好价格是 50 元，又很心仪的产品。

这一研究事实，对营销很有意义。你若是生产消毒水，当市场竞争者介入的时候，不要急着降价，可以加量，加很大的量，让顾客买了你的消毒水够用个一年半载的。手机也不一定急着降价，可以不断推出升级、增配版本。

参照依赖与"中杯效应"

你今年收入 20 万元，该高兴还是失落呢？假如你的奋斗目标是 10 万元，你也许会感到愉快；假如目标是 100 万元，你会不会有点失落呢？

所谓的损失和获得，一定是相对于参照点而言。心理学家卡尼曼称为"参照依赖"。

一样东西可以说成是"得"，也可以说成是"失"，这取决于参照点的不同。

几乎所有的电视购物节目，都会利用参照依赖。一开始先报个高价，然后不断降价，不断超越你的期待。然后催促你赶快买，赶快买！再不买就没有了，现在买还送礼品哦！

"维多利亚的秘密"专卖店里，数千美元的文胸，因为有了数百万美元文胸的衬托，会更加畅销。

ZARA 服装在百货公司其他服装的映衬下，显得很实惠。但是，与淘宝相同质量、款式的服装相比，则会感到不值。

很多饮料，大杯与小杯之间的成本差至多不过几毛钱，比如豆浆、可乐、咖啡，但是其定价却相去甚远。

然而，我们买饮料（或其他商品）的时候，经常有大、中、小三种型号，很多人会在价格比对的刺激下，直接选择中号商品。我们把这种选择中庸之道而忘记了真实的需求的现象称为"中杯效应"。

心理学家阿莫斯·特韦斯基教授通过实验证明：

如果 A 优于 B，大家通常会选择 A。

但是，如果 B 碰巧优于 C，而且其优点 A 是没有的，那么许多人就会选择 B。

其主要的理由就是与 C 相比，B 的吸引力显著加强了。

比如，某超市卖有四种不同规格的 ××× 牌消毒液。

第一种 180 毫升，18 元。

第二种 330 毫升，32 元。

第三种 330 毫升，32 元。附赠一瓶 120 毫升的小瓶装非卖品。

第四种 450 毫升，42 元。

就算是数学很差的同学，也会选择第三种，而第二种和第四种会一直安静地待在货架上，它们的职责只是陪衬。

假设你开了个快餐店，你发现豆浆的利润最高。

假设你已经不满足于顾客买一杯豆浆的利润。

你在原有豆浆品种基础上，推出了一款"加大杯豆浆"，定价比小杯（相对的）高三分之一。

但是你发现，消费者根本不买你的"加大杯豆浆"。

于是，你又心生一计。

你又推出一款"超大杯豆浆"，定价比中杯（相对的）高三分之一。

最可能的结果是，你的"加大杯豆浆"（中杯）开始成为顾客最受欢迎的选择。

10

第 10 章
微商团队
的领导力与影响力

德鲁克曾对他的学生说过：领导力就是营销。

什么是营销？营销就是让别人买单。什么是影响力？影响力就是让别人买账。

别人凭什么买你账，其实是遵循互惠、等价的基本原则。一个家庭里，孩子会听谁的不听谁的，其实并不是看谁拳头硬。公司，终究是一群人的集合。再先进的制度，也不能激活一个组织。

因为，规则之下，还会有一个非正式规则；组织之内还有一个非正式组织。

说到底，还是要靠一个领导者来激活一个组织。就好比在一个部落里，正确地开展自我营销，才能让大家认识你、进而拥护你成为领导者。所以，影响力是靠点滴累积起来的，影响力就是事实上的领导力。

微商的层级营销和会员营销

很多微商的销售模式都是会员营销和层级营销。分层级的代理形式也是一种常见的微商团队管理方式，不过这并没有看起来那么简单。首先，产品的质量是个底线，而人品和关系是最后促成销售成交的临门一脚。

运营微商关键之处在于，通过社交媒体获得社交证明，要比其他任何事情都重要。

在这两种模式中的任何一个，微商从业者都是中间人，所以你需要展示你是最值得信赖的人。

在过去，一个人在网上做销售，只要购买百度之类搜索引擎的关键词广告就可以了，他也可以通过优化自己的网站，得到相当多的自然流量，也能赚到足够多的钱。

不过微商出现以后，这些都改变了。人们现在严重依赖社交媒体，这意味着销售将回归到人与人之间的信任。人们判断要不要购买一种商品，要参照其他人的推荐、评论和社交证明。

　　这其实不是一个挑战，而是一个机遇。要长期成功，你需要把社交媒体当作你职业生涯的一部分，而不只是一个快速变现的方法。

　　想一想，你是会从微博上只有几十个粉丝的人推荐的产品那儿购买呢，还是会从有几万个粉丝的人那儿购买呢？你会从一个成天花时间在朋友圈发垃圾信息的人那儿购买呢，还是会从一个通过认认真真写公众号文章，扩展自己粉丝数量的人那儿购买呢？

　　所以，打造微商团队，再不是过去团队管理那种靠打鸡血、加强人身控制的手段就能奏效的，恰恰相反，需要团队成员真心热爱自己的产品，热爱自己的事业。

　　有些传统的直销公司也做起了微商，比如安利，它会通过微信小程序，为你交付给他们的销售或销售线索给回扣，这其实是一种会员营销。会员销售的回扣通常是通过一种技术，识别推荐者而实现的。

　　会员销售从树立你的声誉开始。如果没有美誉度作为基础，你会很难在会员营销中成功。大家想要从他们信任的人那里购买，而美誉度不是一朝一夕之间能够建立起来的。

赋能你的微商团队

什么是赋能？用大白话说就是：你不"能"，我让你能，或者你能，我让你更能。赋能与激励有着微妙的不同，激励偏向的是事情完成之后的物质利益的犒赏，而赋能与使命感类似，更强调兴趣、挑战和创造。

微商团队不能靠"管"。微商这种职业形式，很像是"知识工人"。1959 年，被誉为现代管理学之父的彼得·德鲁克在《明天的里程碑》中首次提出了"知识工人"的概念。

德鲁克所谓的知识工人有如下特征：

·较高的个人素质；

·很强的自主性；

·有很高价值的创造性劳动；

·劳动过程难以监控；

·劳动成果难以衡量；

·强烈的自我价值实现愿望。

六十年过去了，这 6 点恰好都对应这个时代微商从业者的特征。

我们已经进入数字经济时代，微商从业者素质普遍有了质的飞跃，但一些团队领导者的素质并未得到相应的提升。

连学历不算高的蓝领工人，都让人觉得"难管"，更何况是那些受过高等教育，能写出精彩内容的微商从业者呢？领导者的素养，也要与时俱进，以应对新时代的挑战。

做事需要统揽全局的能力，做人要有服众的能力，这就是领导力。

微商团队管理的很多规章制度当然是有用的，但也只在特定范围内有用。管理的有效边界非常明显。一旦面临稍微复杂的场景，这些书面上的制度就欲振乏力，甚至会闹笑话。人们发现，那些被吹得如魔法般的管理工具常常没什么用。

领导力是一种古老的智慧，一种基于经验主义的实践总结。从三皇五帝神圣事迹，到封建帝王的文治武功，乃至近代手工作坊的运营方法，都离不开领导力的推动。

影响力就是领导力

史玉柱最惨时，失去了一切，甚至所有队伍。然而，他凭着对营销的认知和理解，对商业的洞见，只要他活着，随时可翻身。靠一个脑白金，他又重新崛起了。绝境当中，他其实仍拥有领导力，即便此前的队伍全部散尽。

所以，归根结底，仍可以用德鲁克的金句做总结：企业唯一的任务就是营销和创新。

对于领导者来说，仅仅靠个人魅力是不够的。或者说，个人魅力仅仅是领导力最基础的层次。

我们见过太多个人魅力非凡的带头大哥，某天头脑一热，弟兄们纷纷凑钱入伙，折腾一段时间之后，不仅赔光了钱，连兄弟情也输掉了。

人类学家曾在南美洲丛林里发现一个部落，这个部落的成员普遍患有一种罕见的疾病，因此，他们的寿命都不长。后来，世界卫生组织派来的科学家继续对这个部落进行研究发现，这种疾病和部落成员的过早死亡，与一种小蠕虫有关，它们藏匿在一种特别的木材里，而这个部落喜欢用这种木头来盖房子。

提高部落成员寿命预期的方法已经找到，只要搬离这个区域，或者不用这种木头盖房子就行了。于是，科学家们把原因和解决方法告诉了部落成员。

然而，问题并没有解决。这个区域和这种木头，与这个部落的信仰、风俗、文化密不可分，他们宁愿少活几十年，也要恪守传统。

这说明，对不同的人，领导方法是不一样的。这就必须了解部落成员的需求，还有他们的价值观、行事风格。然后，你才能以部落成员乐于接受的方式来领导他们、影响他们。

影响力，是一种用别人乐于接受的方式去改变别人的思想和行为的能力。

一个拥有很强影响力的人，不但能够影响下属和同事，也能影响自己的上司。如果一个人能够对很多人产生影响，那他也就有了事实上的领导力和权力。影响力的定义是用别人乐于接受的方式去改变别人的思想和行为，可见影响力的缔造离不开沟通的技巧。

威权管理已成明日黄花，聪明的领导者都懂得，做出成绩才是第一位的，至于能不能过一把当领导的瘾，根本不重要。就像一句名言说的，如果一个人自认为在领头走，却没有人追随，其实他不过是在闲逛罢了。

如果能用"非权力性"影响力激发员工的干劲，即使不行使权力又有什么可遗憾的呢。正如当一个母亲能使原本怨言连篇、散漫怠惰的女儿快快乐乐地洗碗时，这位母亲便是懂得了影响力。

从前，知识性工作的职位为数很少，读书人就业范围也相对较窄，不外乎工程师、医师和教师等几项传统的职业。一个优秀青年希望学有所用，往往只有屈指可数的几条路径，很多时候，服从分配往往是最稳妥的选择。

今天，已经进入信息经济时代，脑力工作的种类已经变得极其丰富，知识分子可以发挥价值的可能性越来越大，尤其是那些微商高手，其实都是善于表达的意见领袖。

一个人完全可以找到适当的知识领域和工作项目，来配合他的能力。人们已经不必像自己的父辈一样，勉强自己去做自己毫无兴趣、无法胜任的工作。

但是，从另一方面来说，这一现象也表示当今的青年人反而难于选择了。关于他自己和他的前途，他都没有足够的资料加以了解。此外，他们又缺乏体力劳动者所具有的服从性。因此，在这种情况之下，要善于为他们赋能，以影响力来发掘他们的潜能。

激发团队成员的意义感和成就感

还记得那个流传甚广的《两个石匠》的故事吗？

有两个石匠正在砌墙，一名旅游者途经当地，向他们问道："你们在做什么？"

第一名石匠牢骚满腹地回答说："我正在砌一道该死的墙。"

第二名石匠愉快而且骄傲地回答说："我正在盖一座教堂。"

这个故事很有意思，它告诉我们，微商从业者如果了解自己工作的意义，就会激发他的使命感，也就是被人认同、尊重的需求。这种工作的热情是金钱买不来的。相反，如果雇员看不见自己工作的重要性，或他们的贡献不被人承认或看重，他们的工作就变成了无意义的重复"搬砖"。你认为哪个石匠更有可能干到底呢？当然是后者。

这里的要点是必须让团队成员感到，他或她是在"建造大教堂"。所有的团队成员都应相信自己工作的重要性，不论是餐厅服务员、公司文员，还是工厂工人，每个人的工作都能对我们的社会起到重要的积极作用。

因此，领导者要学会发掘"意义感"，因为这是让工作具有意义感的重要形式。比如，四处走走，视察雇员的本职工作，让他们相信他们的工作是非常重要的。让他们看到客户满意的笑容，看到客户的感谢信。领导者需确信不疑地向雇员表明，他们的工作对于公司的生存和发展至关重要，他们的工作对这个社会是非常有价值的。

此外，领导者不要轻易承诺，承诺后，一定要兑现自己的承诺。比如，要根据员工实际工作成效有差别地进行奖励。

西方有一句古谚：每个士兵的背包里都有一支元帅的指挥棒。

这是因为，战争中的任何领导者，甚至是最高指挥官，都可能随时受重伤甚至丧命。一旦这种极端情况发生，那么下级领导者，甚至是没有担任过领导的士兵都必须立刻准备接管一切，肩负起带领团队去战斗的使命。

所以，领导力并不是管理层才需要有的素质，而是每一个微商从业者都要修炼的能力。

如果将领导力仅仅理解为权力和发号施令，那这种领导力就是一种空心的领导力。

对于这种领导力，管理学家亨利·明茨伯格批评道：

现在企业的"领导力"不是太少，而是太多，以致没人去做真正的管理了。

"猛将必发于卒伍，宰相必起于州部"也是华为公司任正非先生的座右铭。他认为，干部不是靠"培养"出来的，是"淘汰"和"选拔"出来的。

一个人能不能做领导，只有一个轴心，那就是能否成事。任正非要求，华为公司的干部一定要先看有没有成功的实践经验。交给你一件小事，你能做成，说明你具备小团队领导者的潜质。那就再给你一件中型的任务，如果你又做成了，说明你具备中型团队领导者的潜质。以此类推。

尽管任正非不过问具体的干部选拔问题，有一个原则必须遵守，那就是必须有相应的成功经验。这是一个轴心原则。

是不是千里马，要由实践说了算。选拔干部必须在曾经做出成绩的人里面选，能做成事是轴心。具体任命谁做干部，还要考察其他条件，比如德行、性格。

脱离实务工作谈领导力，不过是虚幻的自欺欺人罢了。

打造有激情的微商团队

微商是一种价值交换。如果你的团队跟着你不能赚到钱，一切都是空谈。

假设有一个以狩猎为主的原始部落，有两位猎人比邻而居。

猎人甲动手能力强，他很擅长制作弓箭。猎人乙喜欢与动物打交道，他更擅长驯马。

猎人甲做了十几套弓箭，猎人乙驯养了几匹马。

某天，猎人甲出于善意，也出于信任，把自己制作的弓箭作为礼物送给了邻居猎人乙。

出于互惠，猎人乙把自己驯养的马回赠给了猎人甲。

两个家庭，继续类似的交往，他们的生活都会大大改善，他们再也不必都事事自己操心筹备，因为他自己的劳动剩余已能更有效率地做好这些事情。

这是亚当·斯密在《道德情操论》中，有关于市场起源的描述。

亚当·斯密认为，正是信任、利他主义、互惠，使得人类的交换行为成为可能。

信任是市场交换行为的基石。

公司的本质，其实就是一揽子市场交易行为的打包——各个市场主体之间，干一个活儿签一次协议太麻烦了，或者说交易成本太高了。

公司其实也是一个部落。人们在一个部落中追随一个领导者，其实是暗中签了一个互惠契约，或者说是有一个默契——我追随你、尽量按你的要求行事，未来某日你要给我所期望的回报。刘关张为什么要桃园结义啊？就是要强化这种契约关系。

这种期望，包括了从温饱、安全这种基本需求，到获得友谊、支持这种社交型需求，以及成绩、赞赏这种自尊型需求，甚至光宗耀祖、封妻荫子的自我实现型需求。

团队追随者一直都在暗中观察、品评领导者，以防自己遇人不淑。

领导者为了能打胜仗、做成事儿，还需要通过一些日常琐事让追随者确信：你本质上就是一个互惠互利、公平公正的人。

你要让追随者确信，只要效力于你，在未来成功后，一定会有相应的回报。不会分配不公，更不会兔死狗烹。

追随者建立了这个信念后，才会获得安全感，才会有毫无保留的付出。高明领导者所做的很多貌似无意义的行为，不过就是为了强化追随者这个信念。

你要让自己的行为具有一致性，而不是善变。反过来，任何日常的半信半疑、出尔反尔、阴晴不定、背信弃义，都会启动追随者的自动化决策机制，都会削弱团队战斗力。

这种"跟着你，有肉吃"的内驱力，其实是一种以信任和互惠为基石的追随力。

领导不仅是一个职位，更是一种能力。一个公司的领导，如果无法顾及下属的利益、不能带领团队取胜，他很快会迎来职位被架空的命运。

所以，要适度、及时地给予团队物质上的激励，比如工资、奖金要落实到位，团队做出成绩，要开个庆功宴、发个红包什么的。有些奖励措施可以提前公布，满足条件马上给予奖赏，这样团队才有激情。

1. 以市场方式留人

员工流动是一个让很多领导者抱怨的事情。

传统人力资源思维是，尽量减少员工的流失率。然而，新的思维则是以市场方式，让员工合理流动。

你的目标不是要阻止水的流动，而是控制它的流向并保证它以你要求的速度流动。流动到一定程度，会达到一个平衡：员工和企业都觉得双方是匹配的。

所谓顺应市场的方式，就是改变企业对员工的认识，以一种更有利于员工长期发展的方式进行管理。

所以，企业能否从市场的角度看员工，对预防员工跳槽也起着至关重要的作用。后面我们会进一步分析，以市场方式留住人才的方式主要包括哪些。

2. 通过经济手段留人

扪心自问，你开给雇员的报酬与同行相比是高了，还是低了？你给的薪酬如果长期低于同行的平均水平，你就该给你的员工涨薪了。

你曾经为他赋能，曾经对他培训，但这是所有企业都会做的事情。不等于说员工就此就要做你的包身工了。员工去留很大程度上，取决于他对自身身价的评估以及薪酬的市场行情。

实际上，他的进步先出现，而你的涨薪才跟进的，其实你已经赚了。

还有一些公司，会通过期权这种"黄金手铐"来锁定核心员工。无论如何，对于雇员，你真的用心培养，辅以能力匹配的薪酬，又何惧他离开？即使离开，在合适的时候也会回来的。

3.通过团队建设留人

微商从业者是"社会人",而不仅仅是"经济人"。员工对一个团队的留恋,很大程度上是在工作中和同事建立的关系网。员工对公司的忠诚度可能会消失,但对同事的感情却不会消失。类似华为、阿里这样的企业,对于离职员工已经开始敞开怀抱,欢迎他们"回家看看"。

通过正确的团建方式,可以发展出健康的职场关系,提升工作效率。同时,公司也可以因此减少员工的流失率。

通过在工作中创立和发展社区,比如团建,创造一种社会纽带,把员工们"捆绑"在当前工作中等等。

企业招聘员工的方式多种多样。除了通过媒体发布招聘信息,也会通过员工或他人推荐,哪种效果最佳呢?有一个有违直觉的调查统计结论:通过人际关系推荐雇佣到的员工所占比例最高。

通过人与人的关系网络而达成的招聘,建立劳动关系,本质上是出于人与人的信任。这种关系网络,也可以成为留住员工的一种力量。

从行为科学的角度来看,普通员工往往宁可背叛公司这种正式组织,也不愿背叛自己所拥有的社会关系网。如果一个雇员是通过关系进入公司的话，那么他离开的时候，肯定也会权衡社会关系这个因素。这其实也是部落法则在起作用，也许你不赞成这种留人方式，但是这种方式在实践中确实有用。

4. 团建就是请客吃饭

为什么人们喜欢把工作和私人生活（吃饭）混在一起呢？为什么一边吃饭、一边谈生意往往更容易成交呢？

所谓的团队建设，很重要的一个内容就是一起吃饭。在原始社会，什么样的人才能够围坐在一起吃饭呢？当然是同一个部落里最亲近的人。

在吃饭时，人会获得一种本能的满足感。因为为身体补充能量是人的基本需求，当它得到满足时，人的心理也会受到一定程度的影响。所以人在吃饭的时候，情绪是最愉悦的，不会带着戒备和敌意。那么，在这时谈事情自然会事半功倍。所以，爱情故事，往往是从一顿饭开始。从某种程度上讲，恋爱就是请客吃饭。

为了证明用餐真的会对谈生意产生这种有效的影响，人们曾进行过多次实验。

研究人员让参与者评价不同的人或营销口号。在测试A组中，参与者边吃免费午餐边对相关对象进行评价。在测试 B 组中，评估则没有安排在用餐时进行。测试结果显示，在边用餐边评估的一组的结论中，参与者所持的态度总是更加积极，而另一组则没有出现这种情况。

在中国人的传统里，谈生意仿佛与吃饭是紧密联系的，许多的生意都是在双方酒足饭饱之后达成交易。在日本，也有很多商人、政要喜欢选择吃饭的时候和对方谈事情，这就叫作"餐桌效应"。美国政客在募捐时，也会用到这招。在绝大多数的捐款晚宴上，呼吁大家捐更多的钱的演讲从来不会在宴会开始之前进行，而是发生在宴会当中或是宴会结束时。

所以，在运营微商团队时，更加需要有相对清晰的边界、角色界定、激励机制等，少打一些鸡血，多一些换位思考。要把一些重要问题，比如报酬，"写在纸上、讲在明处"，并不断根据团队成员的诉求优化规则。

话不要说太满

某明星 IT 企业，早些年极力宣传"以公司为家"，但当经济下行时，裁员起来毫不手软，在规定的极短时间内，必须办理离职手续。于是，员工满怀怨愤，写下"公司不是家"的文章，获得了大量共鸣。

想来也是，需要员工做贡献时，宣传公司是一个"大家庭"，不需要员工时，告诉员工只是纯粹的雇佣关系，这不是占员工便宜的"洗脑术"吗？

企业当然不是家庭，也不是"大家庭"，企业只是一个部落。

现代家庭大多是两代结构，传统的那种四世同堂式的大家庭结构已经瓦解了。

有真实血缘关系的人，尚且难以维系"大家庭"的结构，让一群陌生人组成"大家庭"是不可能的。

现代社会，不但大家庭的结构瓦解了，甚至连终身雇佣都不复存在。

也就是说，领导者除了可以对极少数核心成员实行"拟亲化"家庭式领导，对于大部分同事，只能实行部落式领导。部落成员之间则可以守望相助，互惠互利，同舟共济。

大家口中把企业当作家，不论这话出自老板还是员工，只不过是一种出自归属感的美好愿望罢了。

黄铁鹰撰写的《海底捞你学不会》一书，将海底捞企业文化概括为"亲情管理""家文化"。但海底捞创始人张勇却对此避之唯恐不及。

张勇认为，海底捞的"家文化"本来就不存在，它只是媒体、教授和员工的一场集体想象。

张勇这样解释是明智的。因为你鼓吹家文化，其实是给了员工一个寻找家庭温暖的预期。在一个家里，儿子懒惰，老子依然会关心儿子；老子骂儿子，儿子依然和老爸亲。

可是，企业就是企业，在经营中，劳资双方并没有这么大的容错空间。这种预期落差只会导致怨念。

其实，先把账算清楚，才能有锦上添花的企业文化。就算是一家人，也要"亲兄弟明算账"。没有公平感，说再多道理都没用的。为了撕掉"家文化"这张标签，张勇甚至不惜自黑："你去看看《资本论》，就知道我是怎么剥削你们的……我就是个资本家！"

经济学家科斯曾指出，公司的本质，是一种互惠的交易。公司运营的首要目的，就是减少交易成本。信任，是降低交易成本的核心。领导者要让追随者感到放心、安心，相信付出会有相应的回报，领导者不是一个市恩贾义，喜欢占自己便宜的人就够了。如果领导者能把大账算清楚了，员工把公司视为家，也不是不可能。

用人所长，是卓越领导者的特质

世上的企业，大概分两类。

有一种行业，人的贡献率呈正态分布，比如搬砖的体力劳动者，每个工人的贡献率都差不多，每个人都像标准的配件，随时可以替代。这种企业，比较"跳"的员工，就是害群之马，不批评教育就会带坏全公司的纪律。

还有一种行业，个人贡献率呈幂律分布，人与人之间的贡献相差极为悬殊。比如销售这种职业，员工的素质是非标准化的。一个具有销售天赋的人，同一个普通人之间的成果可谓天渊之别。

一个人行事嚣张、锋芒毕露，年销售1000万元；另一个人人见人爱，中规中矩，但销售额仅为500万元。作为领导者，你会提拔谁？

回答这个问题，还是要参照轴心法则。

1990年，新寡的董明珠来到珠海打工，到了海利空调厂，这也就是格力的前身。董明珠靠着一股拼劲儿替公司追讨了一笔40万元的烂账。这让厂长朱江洪对这个女子刮目相看。

1992年，董明珠仍然是一名销售员，但当年她在安徽市场销售业绩是1600万元，这一年格力全公司总销售额才 1.28 亿元。

1993 年，董明珠主抓南京市场的时候，个人销售额是 3650 万元，这一年，整个公司销售额还不到一个亿。

1994 年，董明珠完成了 1.6 亿元的销售额，当时格力全公司的销售额才不过 4.6 亿元。这一年，朱江洪决定下调销售员提成，引起公司人事震荡。在这个节骨眼上，董明珠站在了朱江洪这边。朱江洪十分感动，决定让董明珠出任销售总经理。后来朱江洪退休，董明珠接任了董事长的职务。

所以，董明珠在格力的领导地位固然有领导栽培的因素，但绝对不是白得来的，更不是靠"潜规则"上位得来的，而是靠业绩说话干出来的。

卓越的领导者从来都不关心员工与他的私人关系如何，他所关心的是员工能做出哪些贡献，这也是"轴心法则"所决定的。

格力的董事会明白，选择这个锋芒毕露的女人，有时沟通起来难免不那么愉快，但从大局和长远来看，更符合全公司的利益。连娱乐界都知道，只要女主角能吸引人们来看戏，她怎么发脾气都没有关系。更何况是在商界呢？

尽管董明珠在个性方面尚存争议，对她的行事风格也颇多议论，但格力还是离不开这么一位女强人。董明珠如果没有一股狠劲儿，肯定无法做出后来的业绩。这种狠劲儿，在工作中很难与"温良恭俭让"兼容。某种程度上讲，她的缺点，正是她的优点。

用人所长，往往意味着容人所短。

现实世界中，根本不存在毫无缺点、又能力很强的人。每个人的人格特质都不相同，这让他们获得了不同的竞争优势。这就好像是山峰越高、峡谷越深一样，人的能力越强，才能越突出，他的缺点也就会越凸显。

激励要准确，批评要模糊

人的行为，是受大脑的"恐惧"和"筹赏"两种机制驱动的。赏罚是引导人的行为利器。

赏罚的目的，就是让人明白你提倡什么，反对什么。管理学上有一则流传甚广的《渔翁与蛇》的寓言：

某天，一位老渔翁正在船上闲坐。他突然看见一条水蛇口中叼着一只青蛙。

那只青蛙正在蛇口里痛苦挣扎。渔翁动了恻隐之心，便出手把青蛙从蛇的口中拯救出来放生了。渔翁又觉得有些对不起饥饿的蛇，出于同情，渔翁把自己携带的食物给水蛇吃了一些，水蛇愉快地游走了。

渔翁为自己的行为感到高兴。正当渔翁沉浸在自我陶醉中时，听到了船头有拍打声，渔翁探头一望，大吃一惊，因为他发现那条水蛇正抬头眼巴巴地盯着自己，嘴里叼了两只青蛙。

这则寓言给我们一个启示：你的奖励会产生正反馈，惩罚会产生负反馈。你奖励什么，就是在提倡什么，你惩罚什么，就是在禁止什么。对奖惩所带来的后果，要有充分认识。

如果公司宣布讲究实绩、注重实效，却往往奖励了那些专会做表面文章、投机取巧的人，这样的奖励只能鼓舞公司的员工都去投机取巧，做表面文章，导致公司的实际绩效下降。

马龙·白兰度主演的电影《教父》中有一段台词："当你说'no'字时，你得把'no'说得听上去就像'yes'一样悦耳。"

这种境界，可以说是情商的最高境界了。还有一种办法，可以达到同样的效果，那就是设法让他们亲口说"不"字。

某公司有一位非常爱打扮的女秘书，但是，她经常会在工作中出现一些不该有的差错。一天，总经理突然来到了她的办公室，并且对她说："今天你穿得真漂亮，而且非常得体。"女秘书听了很是受用，但总经理马上又说："着装也是一种能力，相信你在工作中也能发挥自己的水准，把工作做好。"这位秘书在此后的工作中表现大为改进。

　　一个卓越的团队领导者必须明白：批评的形式不一定就是指责，表扬的目的不一定就是称赞。赞美、肯定、鼓励，也是一种赋能的手段。

11

第 11 章

微商如何
面对差评

评价体系是电商发展过程中的一个创新产物，是将传统的社会舆论固化的结果。微商说起评论来，往往是又爱又恨，爱的是，一条客观的好评，可以带起一个爆款，恨的是一条差评则可以直接拉低转化率，甚至让一个爆款滞销。

正确面对消费者差评

2019 年 1 月，《中华人民共和国电子商务法》正式实施。

《电商法》规定，电子商务经营者应当全面、真实、准确、及时地披露商品或者服务信息，保障消费者的知情权和选择权。电子商务经营者不得以虚构交易、编造用户评价等方式进行虚假或者引人误解的商业宣传，欺骗、误导消费者。

其中第三十九条规定：电子商务平台经营者应当建立健全信用评价制度，公示信用评价规则，为消费者提供对平台内销售的商品或者提供的服务进行评价的途径。电子商务平台经营者不得删除消费者对其平台内销售的商品或者提供的服务的评价。

这意味着"亲，给个五星好评吧，返 5 元红包哦！"之类的行为将被禁止。购买"水军"刷好评，杜撰好评的行为已经被《电子商务法》盯上了，这样的行为同样涉嫌违法。

一言蔽之，商家不能再删差评，刷好评。这就需要微商客服处理者态度要诚恳、礼貌，尽量不让差评出现。

- 多点耐心
- 服务态度要好一些
- 提高处理投诉的效率
- 尽量让高级别管理人员来处理

· 合理补偿，尽可能满足顾客的心理期望

客户抱怨、差评，甚至投诉的出现，大多是源于对产品和服务的不满意，如果再加上处理人员态度不好，事态只会激化。

不要逃避现实

做微商难免会遭遇差评。这个时候最要不得的是鸵鸟心态。

巴菲特的老搭档、著名投资人查理·芒格讲过一个故事：有一位女士，他的儿子身体健硕、学习成绩一流。但这位年轻人某次驾驶飞机的时候出了事故，英年早逝。而他的母亲，本来是一位心智健全的女子，却从不愿意相信自己的儿子已经死了。

还有很多新闻，那些明显有严重罪行的犯罪分子，他们的母亲都认为自己的孩子是无辜的，甚至觉得自己的孩子还是个孩子，应该被宽容对待。这就是简单心理否定。

中亚古国花拉子模（又被写作"花剌子模"，语意为"太阳土地"）的君王有一种怪脾气，他会把带来坏消息的信使统统处死。

这其实是利用权力来逃避现实，不要以为这种情况已经绝迹了。企业领导者很容易患上"花拉子模信使综合征"。

有时，真相太残酷了，让人难以承受。所以，我们就扭曲它，将之变得可以承受。我们在某种程度上都会这么做。这是一种常见的非理性，这种非理性在企业领导者中也存在。

CBS 曾经是一家了不起的巨型公司，公司的前主席比尔·佩利在他人生的最后 20 年，他不听任何一个他不想听到的消息。他的家人、朋友以及身边的雇员都知道，如果谁要是敢带给比尔·佩利不想听到的消息，这个人就要倒霉了。这意味着领导者们把自己封闭在了想象里，他过去 20 年中做出了一些愚不可及的决策。

面对客户的投诉，每个微商都要直面问题，并建立起自己的处理流程。微商在处理投诉时，应对的服务态度、语气及方式等很容易激化顾客的不满情绪，把事情越闹越大。所以说，做微商一定要有直面问题的勇气，而不是幻想一蹴而就。

有朋友买了一个 5 万粉丝的微信公众号，想以此为起点"做起来"。这 5 万粉丝都是真实的"活粉"，但运营了几个月依然回应者、转发者很少，效果甚至还不如很多从零做起的公众号。这其实就是犯了"绩效主义"的错误，在这位朋友的观念里，粉丝量是一个关键指标，认为有了粉丝基数，即使自己的内容再平庸，也会吸引相当比例的"粉丝"。

这种绩效主义其实也是另一种逃避现实，一种隐藏得更深的逃避现实。目标与指标之间，有一定的关联性。以目标为核心，以指标为参考，就是绩效精神；但执着于指标，忘记目标，就成为了绩效主义。我们要有绩效精神，但不要搞绩效主义。

遭遇"职业差评师"怎么办

职业差评师，顾名思义，就是专门靠给别人差评而获利的人。这原本是由淘宝网催生的一个群体。不仅在淘宝上有很多恶意买家做起职业差评师，也有专门以给微商差评为手段索要利益的人，甚至还出现多人合作的"团伙作案"。

一位微商从业者说道：最近店铺做活动，产品市场反应一直都不错。最近有客人直接给了我们一个差评说"一天不到产品都开线了"。我们每个产品出库都会认真检查，尤其是开线问题。看到客人评价后我们也积极联系客人询问情况，结果旺旺和电话都接不通。产品如果有问题，7天之内我们也是免费更换的，如果真不喜欢产品，每位客人都赠送了退运保险，是可以免费退的。但是电话和旺旺都联系不上客人，问题没办法解决。只能任由产品差评吗？还是遇上了职业差评师？

这位从业者很可能是遭遇了专业差评师。据一位资深职业差评师的爆料，他们每月的纯收入就高达上万元，数目可是相当可观。而在利益的驱使下，这么一部分人，利用卖家重视店面名誉的心理，从事类似恶评的活动。

差评师之所以能够屡屡得逞，与电子商务经营者本身经营行为的合法性、合规性有一定关系，这是经营者本身的过错。而另外一方面，投诉人往往披着合法的外衣。

2019年1月1日起施行的电子商务法规定,电子商务平台经营者不得删除消费者对其平台内销售的商品或者提供的服务的评价;另一方面,也要打击同行之间的恶意差评,诋毁污蔑竞争对手,以及一些消费者和差评师为牟取私利,以恶意差评敲诈勒索商家。

另根据《中华人民共和国民法通则》第四条规定,"民事活动应当遵循自愿、公平、等价有偿、诚实信用的原则"。第六条规定,"民事活动应当尊重社会公德,不得损害社会公共利益,扰乱社会经济秩序"。职业差评师的这种行为属于侵权,严重时还可能涉嫌勒索。

对待差评应有平常心

罗伯特·欧文的网红餐厅生意火爆,按照他的搭档卢西尔大厨的说法,无论电视和巡展的日程安排有多满,他们的网红大厨从来不会错过在餐馆里或者在互联网上发生的事情。

对于这两家餐厅的每一项重大决策,罗伯特都是那个拍板的人。

在他们的团队中，有一个全职的社交媒体运营经理，不过罗伯特是那个在微博上发信息的人，而且他会决定餐馆中到底会有什么。他会回复每一个给他发微博的人，没有谁比他对自己的粉丝更感兴趣了。

当罗伯特在自己的餐馆里时，他会走到每一张桌前，确保每个人都有满意的体验；而在他的节目中甚至在街上，也是一样的。他希望每一个人都很快乐，所以他选择在社交媒体上的合作伙伴的条件是他们对质量和优质品牌有一样的热情。

尽管罗伯特·欧文对于自己的餐厅有热情，对于质量有严格的把控，在点评网站上依然会有偶尔的负面评价。对此，卢西尔大厨认为应该对他们采取不回应的态度：

"对于评价的回复你可以选择有所为或者有所不为。我们认为人们一般都会按照他们自己的经验来做评价，所以我认为当他们写完评价之后再试图改变他们的想法是一定会失败的。这是会有侵略性的。我们会记录那些差评，然后和我们的工作人员讨论，而且我们最近安装了一套系统从而试图尽量避免它们的发生。我们通过一个特殊的反馈工具可以立刻获得 65% 客户的即时分析；而且无论我在哪里，这些都会发送给我。我可能坐在小船上，而依然能够看到我的顾客们在餐馆中说些什么。我们希望能够随时随地解决每一个出现的问题。"

"如果有人在餐馆中抱怨，系统能够让我们立刻处理这个问题。在餐厅的后台总是有一个人在观看这些抱怨，并且及时面对他们，那么顾客不会带着负面的体验离开餐馆。"

社交媒体的评论，对于一家网红餐馆来说，可能是奖励也可能是"死刑判决"。当出现负面评价时，你需要立刻调查大家在讨论的问题，并且把这些情况处理掉。大众消费多是根据他人在社交媒体上的褒贬，来决定去不去一家餐厅消费，所以，你必须要保持警惕，及时反应，才能尽量不犯错误。